北京市社会科学界联合会、北京市哲学社会科学规划办公室资助项目

健康的生命文化阐释

主　编　吕　韵　张新庆

中国协和医科大学出版社
北　京

图书在版编目（CIP）数据

健康的生命文化阐释 / 吕韵, 张新庆主编. -- 北京：中国协和医科大学出版社, 2025.4.
ISBN 978-7-5679-2653-0

Ⅰ. B083

中国国家版本馆CIP数据核字第2025FT6891号

主　　编　吕　韵　张新庆
责任编辑　杨小杰
封面设计　邱晓俐
责任校对　张　麓
责任印制　黄艳霞
出版发行　中国协和医科大学出版社
（北京市东城区东单三条9号　邮编100730　电话010-65260431）
网　　址　www.pumcp.com
印　　刷　三河市龙大印装有限公司
开　　本　787mm×1092mm　1/16
印　　张　11.25
字　　数　230千字
版　　次　2025年4月第1版
印　　次　2025年4月第1次印刷
定　　价　78.00元

编者名单 | EDITOR'S LIST

学术顾问 陆莉娜 北京东方生命文化研究院
宗　倩 北京东方生命文化研究院

主　　编 吕　韵 张新庆

副 主 编 仲凤行 李闪闪 朱　波 祝卓宏

编　　者（按姓氏笔画排序）

王佰玲 北京东方生命文化研究院
王笑农 北京协和医学院人文和社会科学学院
王展田 中国民族卫生协会
王霄晔 中国疾病预防控制中心
毛卿卿 北京协和医学院人文和社会科学学院
石晓楠 北京协和医学院群医学与公共卫生学院
叶宝娟 江西师范大学心理学院
吕　韵 北京大学公共卫生学院
朱　波 《当代医学》杂志社
仲凤行 齐鲁医药学院
刘　明 北京东方生命文化研究院
刘学民 人力资源和社会保障部劳动和社会保障科学研究院
池睿欣 北京大学公共卫生学院
孙苛莉 中国民族卫生协会
花　芳 北京大学肿瘤医院《癌症康复》编辑部
严梦瑶 北京协和医学院卫生健康管理政策学院
李　贞 北京东方生命文化研究院
李　攀 南昌大学第一附属医院
李闪闪 西安医学院马克思主义学院
李香菊 北京大学肿瘤医院《癌症康复》编辑部

李萍萍　北京大学肿瘤医院《癌症康复》编辑部
何玲玉　浙江大学医学院附属第一医院
张　洋　北京协和医学院群医学与公共卫生学院
张文英　北京大学肿瘤医院《癌症康复》编辑部
张乾坤　北京协和医学院人文和社会科学学院
张新庆　北京协和医学院人文和社会科学学院
陆　岩　北京东方生命文化研究院
陆　凝　北京协和医学院
陈伟晶　上海玖颖教育科技有限公司
林良权　北京协和医学院人文和社会科学学院
罗　希　北京协和医学院人文和社会科学学院
郑　勇　成都市双流区中医医院
孟祥齐　北京博雅心明心理咨询中心
赵庆革　成都市双流区妇幼保健院
胡茂荣　南昌大学第一附属医院
祝卓宏　中国科学院心理研究所
桂益欣　北京协和医学院人文和社会科学学院
钱雯丽　北京协和医学院人文和社会科学学院
高园园　北京大学肿瘤医院《癌症康复》编辑部
郭玲静　成都大学心理健康教育中心
涂芳珺　昆明医科大学第二附属医院
陶　莹　天颐中服老龄产业服务（北京）有限公司
黄静波　北京协和医学院
曾　勇　昆明医科大学第二附属医院
曾庆娟　北京东方生命文化研究院
赫　莉　中国医学科学院基础医学研究所
蔡笃坚　北京东方生命文化研究院

序 FOREWORD

文化是一个群体共同具有的关乎个体或群体生命的习俗、习惯、规范。它植根于对自己和他人生命珍惜和尊重的价值观。生命相关的习惯、规范和价值观要通过语言、文字、图画、音乐等形式表达和传播。生命符号是生命文化的基础，也是生命文化表达和传播的工具。生命相关的习惯、道德规范和法律规范呈现出一种发自内心的约束力。生命价值观是判断生命现象孰是孰非的标准体系。总之，生命文化是一个群体共同具有的关于生命的符号、规范及相应的价值观。

在日常生活语言中，与饮食文化、服饰文化、养生文化、茶酒文化等文化形态相比，生命文化的提法似乎不常见。不过，如果我们说生命存在的意义、生命价值观、生命尊严、生命关怀、生死观等观念及行为是生命文化的具体表现的话，那么，人们就容易联想到生命文化的博大精深，且与日常生活、生命干预和学术研究均息息相关了。为了研究和传播顺应时代需要的生命文化，陆莉娜、张显扬与我于2005年共同发起创立了北京东方生命文化研究所。这是一个隶属于北京市社会科学界联合会（简称“北京市社科联”）的专门从事生命文化研究、孵化与传播的社会学术机构，2015年更名为北京东方生命文化研究院，次年荣获北京市4A级社会组织资质。蓦然回首，这个由跨学科专业人士组成的社会性学术机构在曲折中前行，已经走过了整整20个春秋，取得了丰硕的研究成果。生命文化是人类历史发展过程中长期积淀的产物，不同历史时期的生命文化具有不同的特点和内涵。立足新时代，在众多同仁的共同努力下，我国生命文化研究呈现出繁荣发展的喜人景象。

我认为，生命文化既要包括六大基本概念（即生命意识、生命价值、生命质量、生命关怀、生命尊严和生命意义），又应涵盖生命的六大价值观（即生死观、悲喜观、爱恨观、善恶观、成功观和幸福观）。在此，我要特别指出的是，健康文化是生命文化的一部分。在人的一生中，生、丧、婚、喜相关的种种规范，如尊老爱幼、扶弱助残、医疗保险、疾病防治、缅怀悼念等都是健康文化的重要组分。

这些丰富多彩的健康文化大致体现在以下六个方面：衣食住行、体育健身、疾病防治、情绪管理、友善社交、艺术娱乐。例如，“细嚼慢咽”“要想身体安，三分饥和寒”“春捂秋冻”“饭后百步走，活到九十九”“分餐制”都是值得提倡的健康生命文化。健康文化的价值观植根于内心深处的价值判断：珍惜和尊重生命。从生命文化视角来审视健康相关的习俗、规范和价值观，就成为一个历史悠久的重大课题。

令我感到欣慰的是，在北京东方生命文化研究院成立20周年之际，由北京大学公共卫生学院吕韵博士与北京协和医学院人文和社会科学学院张新庆教授共同主编的《健康的生命文化阐释》一书，历经三年，终于要付梓了。本书的编者从不同的专业角度，研究、提炼、整理出体现在各个方面的健康生命文化，做了有益的尝试。本书的目的是提倡先进的健康生命文化，保持多元的健康生命文化，克服落后的不健康的生命文化，为“健康中国”建设贡献学理上的力量。这也是生命文化人义不容辞的使命。

北京东方生命文化研究院学术委员会主任　袁正光

2025年2月

前 言 | PREFACE

健康生命文化作为人类特有的一种社会历史现象，包含着与人之躯体健康、心理健康、社会适应乃至环境友好密切相关的全部的精神活动及其物质成果。它涉及健康价值观念、健康意识、制度规范、知识能力、生活方式及相应的器物用品等。纷繁复杂的健康生命文化现象包含一些基本要素，如卫生习惯、健康意识、健康素养、健康管理、生命价值、医疗制度等。健康生命文化理论研究需要来自医学、公共卫生、哲学、社会学、人类学等多个学科的研究者齐心协力，砥砺前行。在北京市社科联的关心和资助下，北京东方生命文化研究院持续出版学术论文集，不断拓展生命文化研究的疆域。从生命文化的视角审视生命健康就是本书要开展的一种全新尝试。

生命健康不仅指身心健康，还包括社会适应良好和有良好的道德修养，以及积极的人生态度和生活方式。“健康文化”（culture of health）可以被界定为在预防、诊断、治疗疾病和维护或促进健康的过程中所形成的精神成果与物质成果的总和。健康文化具有社会性、发展性、群众性、习得性等特点。健康是人的基本权利，是幸福生活的基础，是重要的人力资本。

在全球范围内，文化在消除健康差异、解决健康素养问题及设计和实施有效公共卫生干预措施方面的重要性受到越来越多的重视。这就需要人们对健康文化的含义、主要关注的内容、作用发挥的机制等有较为清晰的理解。杨劼和卢祖洵于2005年在《医学与社会》上发表的论文《健康的文化视角与健康文化的基本内涵》倡导考察健康的文化视角，并对健康文化的基本内涵进行学理界定。实际上，考察文化中共享的价值观、规范和准则对个体健康的影响，就是“认识到森林比单独的树木更重要”。美国伊利诺伊大学香槟分校的Juliet Lwelunmor等于2014年在*Ethn Health*上发表一篇论文，提出旨在系统阐述文化对健康影响的“PEN-3文化模型”（PEN-3 cultural model）。这个模型提供了一种以文化为中心的健康方法，将分析范围扩展到影响个人的所有情境，并审视其他因素在抑制和/或促进健康行为改变中所起的作用。

健康文化理念离不开广泛而深刻的实践支撑。健康文化是世界各国的人们在卫生健康实践中创造的，它影响人们的健康思维方式、健康行为模式和健康价值观念，从而对人类健康事业产生深远影响。新中国成立后持续开展的爱国卫生运动，改善了卫生环境，增强了人民体质，提高了人民健康水平。2017年，十九大报告提出要实施“健康中国”战略，提出三大基本理念：健康权、大健康、预防为主。《“健康中国2030”规划纲要》和《健康中国行动（2019—2030）》的颁布实施，助推健康理念从“以治病为中心”向“以健康为中心”的切实转变。覆盖全人群和全生命周期，形成群众喜闻乐见的健康文化，形成弘扬健康文化的社会氛围。

本书从生命文化视角考察健康的价值观、生活方式、社会支持、医疗实践等内容，具体包括如下5个部分。

第一部分为“现代医学模式下的健康观”，展示了健康观念的多样性，从生命文化视角解析了身心健康观、体质健康管理、医学化，介绍了“促防诊控治康”六位一体理念与实践，并把“同一健康”（One Health）理念视为一个新的健康文化符号。

第二部分为“健康人文的理念与实践”，解读了健康人文的理念和实践价值，归纳了公共健康的伦理原则及应用，明确了个人的健康责任，梳理了Daniels的公平基准及其体现出来的分级诊疗伦理蕴含。

第三部分为“健康风险管理”，首先考察了老年人社会参与的健康蕴意，以及家庭健康养老观与积极实践价值；其次探索了癌症患者全生命周期健康管理的特点及策略，反思了重大突发公共卫生事件应对中早期风险监测预警机制；最后提出了移动健康助力慢性病营养管理的建议。

第四部分为“运动与健康文化”，阐释了运动文化的本质特征、价值及践行路径，提出了以自然之道养自然之身的运动观，论证了跑步对心理健康积极的意义与影响。

第五部分为“生命文化视角下的心理健康”，分析了心理健康的生命文化根基，从结构主义视角论述了精神分析中的自我发展，剖析了心理灵活性在生命史策略和大学生心理健康的中介作用，讨论了青少年心理健康问题及教育策略，以及接纳承诺疗法在临终心理关怀中的应用。

健康的生命文化倡导积极的健康意识与生活方式，提高自我健康素养，鼓励适量运动、规律作息，营造有利于健康的家庭、社区和工作场所的良好社会氛围。本书全面展现了生命健康观念的多样性、健康人文的丰富内涵、健康风险管理的重要性、运动与健康的紧密关系，以及生命文化与心理健康的深刻联系，为读者全面而深入地理解和践行健康的生命文化提供了有价值的参考。

吕　韵　张新庆

2025年2月

目 录 CONTENTS

第一部分 现代医学模式下的健康观

第二部分 健康人文的理念与实践

第三部分 健康风险管理

第四部分　运动与健康文化

第五部分　生命文化视角下的心理健康

第一部分

现代医学模式下的健康观

生命文化视角下的身心健康观

认知影响心态，心态影响个体的身心健康，身心健康又影响人的生命状态（生命质量、生活品质），生命状态又会促使人们产生新的认知，进而影响心态。这是一个循环往复的生命过程。因此，对生命文化的认知影响身心健康。积极的心态会促使人的意志坚定，奋发图强，积极向上；消极的心态会损伤人的积极性，影响人的生命价值体验与人生目标实现。在长期的社会生活实践中，人们逐渐形成了对生命健康相关的尊重、热爱、接纳、珍惜、敬畏，由此形成健康的文化内涵。有了对生命文化高度的认知水平与认知能力，人的心态将更加健康，生命的价值将更有意义。

一、生命文化与认知的概念

1. 生命文化 从生活实践的角度来看，生命文化是对生命的看法和对待生命的态度。生命文化是关于人的生命的文化，是指以现实的个人的生命价值和生活意义为研究对象、以如何实现和自我确证自己的生命价值和生活意义为指向的学问。生命文化是从文化角度来解读生命的意义，揭示生命的宝贵，规范对生命的态度。因此，生命价值和生活意义包含三个层面的特征：自然性、社会性和精神性。

生老病死是自然规律，向死而生是生命状态，人们需要具备的是顺其自然的心态，以适应不同的生命阶段所面临的境遇和磨难。在这个过程中，若能提升对生命文化的认知，人们会更加热爱生活、珍惜生命、懂得人生，使自己的生活更丰盈，生命更丰满，人生更丰硕。

2. 认知 认知是指人认识外界事物的过程，或者说是对作用于人的感觉器官的外界事物进行信息加工的过程，包括感觉、知觉、记忆、表象、思维、言语和想象等心理现象。认知是一种能力，包含在人格（气质、能力、性格）中，与对外界事物认识的态度、理解的程度、思维方式等紧密相关。

认知是一种循序渐进的实践经验过程。认知是价值观形成的基础，是人生向何处去的方向盘，影响人的心理活动、情绪情感变化及举止言行。

二、“认知-心态-身体健康-生命状态”是一个循环的过程

认知源于对理念的认同与实践后的感受。人对事物好与坏的评价，难易程度的评估与接纳都会影响人的情绪、情感。情绪是一种心理状态，又称心态。从心理学的角度讲，心态的好坏会影响人的动机，动机支撑人的意志，意志支配人的行为。旷达的认知会激发人的积极心态，使人意气风发，向上向善，知难而进；错误与狭隘的认知会把人带入消极心态，懒惰懈怠，恐惧不安，知难而退。人的心理状态随着认知水平与认知能力的高低发生不同的变化，生活状态随着心理状态而发生改变，这种生活状态又彰显着人的生命状态，深刻影响人的生命价值体验与人生目标实现。

人们会根据不同的需要而不断地调整情绪、情感和意志力，以现实的心理状态去适应当下的生活状态，对事物产生新的认知，重新评估曾经的事物进行调整平衡，对事物有了新的认知与选择，逐渐形成个人的价值观，人格也在不断成熟，生命状态也趋于稳定和美好。

三、对生命文化的认知影响身心健康

中华民族对生命文化的认知扎根于传统文化体系当中，“知行合一”“学而实习之”“勿以恶小而为之，勿以善小而不为”“积善之家必有余庆，积不善之家必有余殃”“大学之道，在明明德，在亲民，在止于至善”“为天地立心，为生民立命，为往圣继绝学，为万世开太平”“天命之谓性，率性之谓道，修道之谓教”“上善若水”等教诲，展示了中华民族的人生目标与人格情怀，融入了中国人的人格。中华祖先智慧的证悟铸造了中华民族的生命文化基石。中国传统文化对于生命的认知具有崇高的境界，它让人们向内了解自我，以人性的高度来看待生命，完善人类的文明，建构与传承生命文化。

《大学》中“物格而后知至，知至而后意诚，意诚而后心正，心正而后身修，身修而后家齐，家齐而后国治，国治而后天下平”，指明了一条以修身为起点的齐家治国的道路。实践者将家国情怀内化为生命自觉，将个体融入家国生命共同体，最终实现生命境界从小我到大我的提升。王阳明在《传习录》中又进一步强调“心即理也”，将生命认知的起点锚定在主体心灵，突破了外在知识灌输的局限。个体通过对意识活动的省察（善恶意念的萌动）与心灵本体的觉照（保持本心的廓然大公），将生命理解建立在主体心灵的自我观照之上。通过这种“致良知”的修养工夫，主体得以实现觉醒和人格独立，减少了私欲对情志的遮蔽，为其身心健康奠定了内在根基。

在文化的引领下投入生活实践，不同的追求带来的身心体验完全不同，如追求物

质的享受、追求感情的满足与追求心灵的境界、社会的价值带来的身心体验和生命经历就完全不同。稳定的情绪和规律的作息能有效地促进人体自愈，文化与身心健康的联系由此可见一斑。

四、生命与文化是不可分割的共同体

（一）“生物、心理、社会”与生命密不可分

世界卫生组织（World Health Organization，WHO）把健康界定为一个人在身体、精神和社会适应能力等方面都处于良好状态。身体、精神、社会适应能力都是生命健康的组成部分。当论及生命和健康话题时，无论是自然科学还是人文科学，都对人有密切影响。

物质生命是生物层面的，属于硬件，需要保养以保证好用；文化生命是需要通过对社会文化的塑造及个人的选择和成长构建的，属于软件，要不断地更新、升级，以适应社会的需要。

中医文化将生命看成一个“精·气·神”的有机整体。“精”对应解剖的固定结构，如五脏六腑。“气”对应能量流动，与生命的流变结构“精气血津液”相对应，喜伤心、怒伤肝、思伤脾、悲伤肺、恐伤肾，遵循藏象系统的生克制化规律，维系整体的平衡与发展。“精”与有形可见的物质密切相关，而“气”“神”与无形的信息密切相关。

在追求从简单的“谋求生存的技术文化”到“学会生活”再到“活出生命意义和精彩”的生命文化论题中，与时俱进地提高自己的认知水平，进而促进自己的社会适应能力，不断地提升自己对生命文化的认知。

（二）心理健康影响身体健康

心理健康是指各类心理活动正常、关系协调、内容与现实一致及人格处在相对稳定的状态。随着心理学知识的普及，人们也逐渐懂得自身存在的问题和认知，需要和动机、情绪、情感、意志、能力、气质、性格之间紧密相连。人的心理出现问题会产生躯体化症状，无奈、无助、无力、无望时会抑郁；无安全感时会焦虑恐惧；不健康的心理可以产生自杀倾向；长年积累的压抑情绪会让人内分泌失调，降低免疫力和自愈力。心理问题导致身体素质逐渐下降，失眠、噩梦、无精打采、浑身无力、情绪多变、反复无常等时有发生，进而引发心身疾病。

原生家庭中爱的缺失，父母离婚造成的伤痛，家庭不和带来的不安全感，心里没有归属感、价值感，选择权、话语权、劳动权的被剥夺与丧失，得不到应有的尊重，

会对人格成长造成严重缺陷。父母的心理问题会影响儿女的心理成长，进而影响他们的下一代。因此，每个人都要提升生命文化的认知，提高心理素质，增强身体素质。

（三）身心健康影响社会功能

由于人人都有弱势与不能，需要抱团取暖相互支撑，共生共存。这种互助有助于实现人类的社会属性，体现人的社会功能。儒家认为，人的社会功能需要依靠内在的品质来实现，稳定的身心带来稳定的职场表现。身心失衡的元凶往往是不良情绪，情绪受到文化的影响。当把问题无限放大时，负面情绪便成了不可抗拒的力量，不但造成器官功能失调，甚者会造成个体不能正常上学、工作与社会交往。

五、用生命文化滋养身心健康

（一）提升对生命文化的认知

尊重生命是向生命致敬、致谢，对生命尊重、感恩、敬仰，会产生强大的安全感和归属感。尊重生命是对生命真相的接纳，尊重生命的来源和生命延续的结构，在家庭家族中体现对人的序位的尊重，是个体获得爱与归属感的重要保障。

热爱生命是一种情怀。人生有目标，生活有准则，心正意善是热爱生命的信念，坚定信念才能为所爱的一切心甘情愿地付出。个体在认知、情感和精神等多层面所展现出的容纳、理解和包容的限度与境界，就是心量。它是满足内在安全感、归属感、尊重感的良药，也是建立亲情、友情、爱情的根基。

人都会有情绪、有过错、有病痛，当我们关注内心保持清醒的觉察时，便会以主人的姿态接纳它、包容它。情绪是心理需要的真实表达，疾病是对身体不适的真诚提醒。个体的生命不仅包括个体“我”的生命存在，还有“父－母－我”的家庭生命共同体，“祖－父－母－我”家族系统的生命共同体。

敬畏生命是知天高地厚，纠正狂妄自大、自以为是、傲慢无理、无法无天、目中无人的人生态度。人生在世不可随意践踏生命，敬畏生命是对生命的尊重。社会上屡屡发生的恶性事件，对自己、他人、家庭及社会都造成了巨大的负面影响。《道德经》告诫我们：“人法地，地法天，天法道，道法自然。”以人性的高度看待生命敬天悯人，放下不知天高地厚的傲慢与自大，激活内在的良知与善良，这是敬畏生命的诚实态度与表现。

（二）生命文化为生命成长指南

人心是需要文化滋养和引领的，没有文化的滋养如干涸的田园，生命也没有归属感。心里有了文化主宰，人生就有了方向和目标。一个积极向上的人，一个热爱生活、热情阳光、神气十足的人，就会给大家带来积极的影响。

综上所述，生命文化是指导身心健康的指南，身心健康是生命文化的体现。人们能否面对人生的生老病死有美好的善始和圆满的善终，需要不断地提升对生命文化的认知。《大学》告诫人们要“物有本末，事有终始，知所先后，则近道矣”，就是说做事知轻重缓急，不去舍本求末，这是为人处事之道。向内根深，向外叶茂，生命永远是第一位的。在财权物上保身体之命，身体是“1”，其他是“0”；在名利情上保心理之命，友善是“1”，其他是“0”；在人格上保精神之命，道德是“1”，其他是“0”。守住这个“1”，就守住了“生物－心理－社会”全因素的生命，并在全生命周期体现自我价值实现。

（孙苛莉　仲凤行）

参考文献

［1］张志强，张雅静，张虬雅．中华文化视角下的生命观暨生命教育［J］．教育实践与研究（C），2023（6）：52-55．

［2］李丽，贺晓娜．公共危机事件影响下的大学生心理健康水平现状调查［J］．赤峰学院学报（自然科学版），2023，39（8）：53-57．

［3］莫翠莲，罗树明，陈春梅．207例精神分裂症伴迟发性运动障碍患者社会功能现状及影响因素分析［J］．实用预防医学，2023，30（9）：1127-1130．

中医生命文化视角下的体质健康管理

衡量健康的标准很多，包含精力充沛、肌肉丰满、处事乐观、适应能力强等内容。中医体质指在先天禀赋和后天获得的基础上所形成的形态结构、生理功能、心理状态和适应能力等方面综合的、相对稳定的固有特质，其中代表健康的平和体质特征是体形匀称、肌肉结实、精力充沛、食欲良好、睡眠良好、尿便正常、舌色淡红、舌苔薄白；性格随和开朗、乐观积极；不容易得病，若得病也能较快康复；对自然环境和社会环境适应力均较强。中医体质将健康的关注点从人的疾病转向生病的人，由此衍生出的身心健康观包含如下含义：身心健康的影响因素有生物、心理、社会三个方面；物质生命与精神生命存在相互影响的关系；立足于体质学说，想实现人的身心健康促进，需要全面统筹，结合不同体质类型、不同病因进行有针对性的健康管理。

一、体质的内涵与影响因素

体质有身体素质、身体质量、个体特质等多种含义。体指身体、形体、个体，质指素质、质量、性质。中医体质是人类在生长、发育过程中所形成的与自然、社会环境相适应的人体个性特征。不同体质表现为结构、功能、代谢及对外界刺激产生反应等方面的个体差异性，对某些疾病的易感性，以及疾病传变、转归过程中的某种倾向性。

体质表现在生物、心理、社会三个方面：①在生物方面，主要指身体素质，从外在的体形、体态到内在的宏观的组织、器官，微观的细胞、分子和基因。这种特性体现为疾病的易感性，导致过敏体质。生物方面的体质与生活中的物理和化学因素、人体器官的形态结构相关。②在心理方面，体质包括情绪、思维、性格等方面，与情感思维的特性相关，如焦虑体质。不同脏腑功能的体质都有与之匹配的心理特征。心理现象与体质现象密切相关，两者相互影响。③在社会方面，主要指与社会适应、人际互动相关的心理和行为。从个人的心理角度来看，与人格三要素中的气质、性格、能力相关；从行为的角度来看，与人际关系的和谐、社会适应能力相关。社会适应能力也密切影响人的健康水平，是健康能力塑造的重要一环。

从时间跨度来讲，一个人的体质受到先天因素和后天因素的双重影响。先天因素如基因、胎孕环境，后天因素如饮食营养、生活起居、精神情志、自然因素、社会环境因素、疾病和药物损害等，对体质的形成、发展和变化均具有重要影响。因此，体质的健康管理应包括一切影响健康的生物、心理、社会因素管理，也应包括孕前、儿童、青年、中年、老年，即全生命周期的健康管理。

中医体质不仅将健康与不健康进行了区分，更注重分析个体的健康生物、心理、社会方面的关系，从所有相关因素追根溯源，跨学科地挖掘健康的影响因素，将关注点从人的疾病转向生病的人，进而将健康管理与人的成长联系起来，做到全生命周期的生物、心理、社会管理。同时，运用天人合一的整体观，将人的健康与自然和社会联系在一起，形成全因素的健康观。

二、体质健康管理的内涵

体质健康管理是根据中医体质学的内涵，在体质健康管理理念的指导下，选取适宜咨询者的体质模型，运用适宜的体质辨识技术，对体质形成的先天因素和后天因素进行客观的、针对性的分析和认知，并结合咨询者体质提出科学合理的“生物-心理-社会”调整建议和体质、心理、环境、生活习惯等调整方案，以实现对咨询者全生命周期的身心健康的调整。

（一）体质健康管理须与生命文化结合，通过研究体质，诠释中医和传统文化的生命观，从生命文化的视角诠释体质的不同含义

人的生命具有自然生命和文化生命两重属性。前者是生命的硬件，后者是生命的软件，两者不可分割，相互影响，体质揭示了自然生命与心理、社会层面正向或负向影响的普遍规律，即生物层面能够影响到心理、社会层面，心理、社会层面也会影响到生物层面，三者之间相互影响。

生命意识、生命质量、生命价值、生命关怀、生命尊严及生命意义等为个体提升自己的体质提供了明确的议题和丰富的素材。生死观、悲喜观、善恶观、爱恨观、成功观和幸福观等，从不同角度影响生命质量和生命活力，塑造了不同的性格、心理动力及心理适应力等心理素质，塑造了不同的生命遭遇。体质健康管理则具体地诠释了生命个体如何从自身的体质出发，尊重当下年龄及先天条件形成的体质特点，如何认识、运用影响生命状态的各种手段对生命的三个层面进行全方位的调整。

生命文化为体质健康管理提供了方向和参考，而体质健康管理为个体践行生命文化提供了有效的手段。

（二）体质健康管理须参考中医“阴平阳秘”的健康模型和辩证思维

阴阳平衡是生命活力的根本。阴阳平衡就是阴阳双方的消长转化保持协调，既不过分，又不偏衰，呈现一种协调状态。同时，阴阳平衡代表在具体分析过程中的辩证思维，须运用辨证论治、辨体论治找出问题的解决方案，尤其是在咨询过程中，要依据实际情况提出多种适合咨询者的方案。

（三）体质健康管理须进行全因素、全生命周期的考量

从生物-心理-社会医学模式的角度来说，环境因素和个体因素共同促使了体质的形成、疾病的发生。而就体质学说来说，中医体质的形成有先天和后天的因素。因此，汲取中医典籍和经典案例的成功经验，运用确有疗效的方法有针对性地对身心健康隐患进行调整，以达到提高咨询者身体素质和心理素质及环境适应能力的目的。

全生命周期的体质健康管理源于体质的影响贯穿于全生命周期。生命在其生长、衰老和患病的不同阶段具有不同的生物、心理、社会特点。在总结上一生命阶段核心健康问题、应对当下的体质问题的同时，还要针对下一生命阶段的核心矛盾提前准备，要围绕不同生命阶段的生物、心理、社会特点进行规划。

三、体质健康管理的方法

体质健康管理的方法较多，有局部调整的思路，也有系统性调整的方法。在面对具体的人生课题时，可参考局部调整的思路，按照体质生物-心理-社会的框架和马斯洛人生需求模型对人的需求和支持结构进行梳理，有目的、针对性地学习；而在面对以心理症结为主的亚健康状态时，就需要系统调整，具体运用到以下五个康复原则。

（一）审病求因，宽胸理气

“治病求本”，寻找关键病因是健康管理的关键。而健康状态变化的起始点，往往是家庭和心理原因。对咨询者内心的纠结、不理解，心里过不去的事，要学会换位思考、换位体验，用感性和理性两方面的思考来增强相互理解。每个人的体质不同，思维方式、情绪、说话方式都不一样，会导致误会和不接纳的产生。每个人的出发点都是为了家好，通过换位思考、换位体验，再通过系统学习家庭文化和心理学知识，咨询师可为其疏导调解矛盾，增进理解，打开彼此的心结。梳理内心的瘀堵，可达到身心愉悦、促进健康的目的。

（二）攻邪排毒，以通为补

攻邪排毒是从自身着手，承认并接纳自己的过错，把心中的委屈、郁结释放出来。“通者不痛，痛者不通”。具体的方法是：自我反省，认识自己的过失。通过咨询师的指导、疏导，唤醒自己的良心、本心、初心。心中的委屈、郁结释放出来时，人体会有相应的生理反应和情绪表现，有的人会哭笑蹦跳，有的人会呕吐腹泻。此时，可以诉说、发泄。这个过程既需要咨询者了解、配合，也要创造可以释放的情境。

气血不通是因为身体虚弱。心气不通导致的气血不通，不良情志导致的交感神经兴奋，继而引发的脾胃不通，这三者都会导致“虚不受补”。通过上述手段驱除身心的邪气，可速见成效地达到气血通畅的目的。不通难补，故以通为补。因此，打开心结是体质健康管理的关键，攻邪排毒，攻的是心结、委屈。委屈释放，经络通畅，为以后的“扶正”奠定良好的基础。

（三）扶植正气，安神和解

正气就是心存正念、正知、正见、正向思维。当知道自己有过错，负面情绪较多，内心压抑时，要卸包袱。卸包袱的整个过程需要扶植正气、心神安定。当自己完全接纳，内心突破了这种困顿的障碍，身心就会舒畅。

（四）补益虚损，通经活络

除药补、食补外，还有心补。内心愉悦，体质强壮，补充正能量。同时，通过多种方式强身健体，如跑步、养生等。补充正能量的方法之一是吟唱五音。在躬身自省、心结打开后，吟唱五音效果最佳。五音与五行阳面、积极面相对应，既有心理暗示的作用，又有导引的调畅气机、通经活络作用。

（五）培土固本，温补元气

“培土固本，温补元气”，元气来源于先天之精气与后天之水谷精微，是人体生命活动的原动力。就人而言，人的志向坚定，就会充满精气神，因此，志向于个人来讲就是“本”和“元气”。

体质健康需要长期的调整，而立志迁善则是长期定向调整的关键。无论是生理还是心理的错误，改正过程需要强大的决心和坚持不懈的行动，立定志向，坚定不移。对于疾病而言，有“不当”“过”这种诱因，才会有病。过，即没有把握好生命的度，过犹不及，在健康管理上存在认知偏颇。这种偏颇包括生物的、心理的、社会的诸多方面。在饮食上温补，处事上宽心，不疑不怨，可消除怀疑和怨恨对消化系统功能的干扰作用，为强健后天之本的脾胃创造良好的条件。

提升个人及家庭成员的“元气”尤为重要。当我们对老年人存有敬仰、孝敬，老年人对晚辈存有慈爱时，家庭系统就能“本固枝荣”。家庭和顺能够给家庭成员很大的滋养。孝敬老年人，在身体上进行照顾，在心理上不让老年人操心挂念、让老年人顺心，在社会上做到“老吾老以及人之老”。

综上所述，在体质这一独特视角下认知身心健康，能够将生物、心理、社会层面的因素通盘考虑，实现全生命周期的健康管理，将健康促进的视角从疾病提升到生病的人，不但关注疾病治疗，还深度挖掘疾病原因，促进健康的科学化管理果，引导到未雨绸缪地根除病因。

四、体质健康管理的价值与意义

传统的医学往往将人体各个系统分隔开来，不同的学科独立研究，如心脏病学、内分泌学、神经学。然而，人体的各个系统相互联系，相互影响。体质健康管理可全面地了解个体的健康状况，发现潜在的健康问题，提供有效的干预措施。

体质健康管理结合健康管理实践，尝试运用中医的系统观来评价和综合运用各学科对人类健康有益的技术和方法。这种跨学科的整合有助于人们全面认知生命，打破学科的局限，使健康管理体系更具弹性，能够应对复杂的健康挑战。

体质健康管理借鉴中医理论，将健康管理范畴从婴幼儿期延伸到老年阶段，为个体提供更全面的健康关怀。人的健康受到多种因素的综合影响，包括生理因素、情绪、环境和饮食等。体质健康管理运用中医观点评价其他学科手段对健康的影响，以是否对WHO定义的健康有益为标准来整合健康资源，将关注点不仅放在疾病治疗上，还注重调整生活方式、管理情绪、改善环境。这种全生命周期的管理有助于维护身心平衡，预防疾病，延缓衰老。

（仲凤行　曾庆娟　王展田）

参考文献

［1］陈顺琪，资艳，宗玉涵，等. 基于中医体质三论的中医体质学与心理学研究的相关性探讨［J］. 北京中医药大学学报，2023，46（8）：1088-1093.

［2］朱燕波，虞晓含，史会梅. 中医体质三个关键科学问题的实证研究概述［J］. 中医杂志，2018，59（13）：1081-1085.

［3］郑美鸿，张斌，李东彩等. 中医体质与血脂、尿酸、体重指数等的相关性研究［J］. 中华全科医

学，2023，21（9）：1581-1584.
[4] 李元昊，李福凤. 中医五行人的现代研究进展 [J]. 中国中医药科技，2023，30（5）：1040-1043.
[5] HAO XU K C. Integrative Medicine：The Experience from China [J]. Journal of Alternative and Complementary Medicine，2008，14（1）：3-7.

追寻积极健康：生命文化视角下的医学化

健康与医学密切相关。医学的目的在于恢复健康，而身体健康更需要医学知识的发展来守护。在不同时代的健康定义下，医学领域透过治疗疾病的反思，不断地将更为细致的概念转化到健康思维体系当中，这就是医学与健康本质性的关系。医学的应用范围在不断拓展，日常生活和生产实践活动也被纳入医学关注的范畴，形成一种医学化现象，由此对医疗卫生和公共健康体系带来复杂的影响。从生命文化视角来考察医学化现象及其背后的诱因和带来的影响，很有现实意义。为此，本文将从积极健康定义出发，期待正本清源，回复医学与健康相称的关系。

一、从健康定义到积极健康

健康是人类生存的基本需要，当代文明的积累与人权保障概念的提升则更进一步将健康视为人生存的基本权利。传统上，健康被视为一种没有疾病困扰的正常身体状况，也是透过医学消除病痛、损伤、功能紊乱等负面因素后的自然正常状态。从这种局限身体疼痛的非健康状态来认识健康的观念是消极的。随着社会的进步，人们开始有能力追求基本生存以外的更高生活质量，不仅满足于没有需要医生治疗的疾病，而是历经医学及疾病角色社会关系的反思，在更高的境界追求身、心、社等全方位的健全与舒适，倡导积极的健康观念。

（一）《渥太华健康促进宪章》蕴含的健康概念演变

1986年，加拿大渥太华召开了第一届健康促进国际会议，发布了著名的《渥太华健康促进宪章》（以下简称《宪章》），提出了“人人享有卫生保健”的目标。《宪章》把健康定义为“促进个人、社区和社会全面发展的过程，不仅仅是缺乏疾病或没有身体不适”。这是一个积极和多维性的健康定义，明确了健康是由个体和社会共同创造和维护的，强调了全面的身体、心理和社会福利状况，强调了个体的主导性、参与性。《宪章》提出“健康促进五大行动纲领：建立健康的公共政策、创造支持性环境、强化小区行动、发展个人技巧、调整健康服务取向”。在政策导引下，个体以自主的方式与社会互动，共同营造健康，支持每个人、家庭、社群，乃至国家积极地寻找适合自身的健康生活模式。

（二）健康营造

从《宪章》对健康的定义来看，健康是一个全面的、动态的概念，需要不断完善才能更好地指导人们维护健康。因此，健康不仅涉及医学领域，还涉及心理学、社会学、公共卫生、政治学、环境科学等多个领域，通过不同领域的专家和机构之间跨学科和跨领域的合作来促进健康。这种全面、动态、促进性的健康定义就是一种“健康营造”。

健康营造可以促进公众健康教育和健康促进活动的开展。健康需要政府的支持，运用政策，引导公众对自身健康的关注和参与。公众健康教育和健康促进可增强公众的健康意识和健康行为，从而促进全人类的健康和福利。健康营造对医院和医生、制药企业、患者群体都有深远的影响，更好地促进全人类的健康和福利。

健康营造反映人们对自身身心全方面状况的关注度增加，给予患者努力追求躯体、心理、社会适应等多方面完满的目标与动力，患者群体意识到健康状态除需要个人努力外，还需要寻求社会广泛的理解、认同与支持，也需要共同营造支持性环境与政策。医院与临床医生的治疗目标除身体治愈外，还要综合考虑患者心理与人际支持网络的承受能力，相关人的生活质量，经济承受与社会支持能力等方面。最终，患者以自身的身体、心理、家庭，以及支持社群为中心，有能力重新组织生活，通过家人和病友组织的支持，加之政府与企业提供资源与服务，形成健康营造的基础。

二、医学化的含义、类型与驱动力

随着健康定义范围的扩大，为保障健康而生的医疗范围也随之扩大，造成医学本质由量变到质变，市场经济诱发了巨大的力量，这种力量带来的结果即医学化。

（一）什么是医学化

医学化（medicalization）是指使用医学术语定义问题，使用医学语言描述问题，采用生物医学框架理解问题，或单纯用医疗干预对待所有健康相关问题的过程。美国社会学家Irving Zola提出了“日常生活的医学化”和“社会的医学化”两个具有浓厚医学社会学色彩的命题。医学化是社会进程的一种表征。社会的医学化是现代医学发展、科技进步、社会文化影响及经济利益驱动等多种因素共同作用的结果。人们需要理性看待医学化现象，既要充分利用医学的潜力来改善人类健康，又要避免过度消费和滥用医学手段。例如，把过度使用及依赖网络称为网络成瘾。采用医学术语可能会带来一些负面影响，导致过度治疗和过度诊断。

（二）医学化：现代医学物化的过程

现代医学物化的过程可分为以下几个阶段：现象描述阶段、医学式的解构分析和医学化临床阶段。当人们发现一个新的现象时，或开始重视曾经知道但一直被忽视的现象，并意识到这一现象可能与健康相关，那么人们就开始尝试使用医学的语言进行描述，这就是现象描述阶段。当这个现象的医学化描述被普遍接受后，人们就会开始尝试对这一现象进行医学式的解构分析，如原因、发生条件、有何影响、如何确证、如何纠正、可能的结果（对应临床思维中的病因、起病、临床症状、诊断、治疗、预后）。在这一过程中，可能会提出诸多解决办法。当医学化的解构分析到一定程度后，就会进入医学化临床阶段，即开始利用医学化手段尝试去寻找诊断指标、确立诊断标准、尝试临床治疗方法、观察患者预后等。医学化这一概念就真正走进了临床医学的术语体系之中。

（三）医学化的类型

戴维斯（Davis）总结出四种不同的医学化类型。第一种是偏常行为的医学化，如多动症、酗酒、各种成瘾、精神疾病、饮食失调。这些行为并非天然偏常，而是被社会规范定义为偏常。第二种是生命过程的医学化，如分娩、月经、更年期、衰老和死亡。这些情况在过去被认为是自然而然的，只要活得足够长，就一定会发生。第三种是日常生活的医学化，如焦虑、悲伤、害羞、脾气暴躁、超重。这些问题是生活中的常见状况，虽然有时会带来困扰，但通常认为能够被容忍或需要调动意志力去克服。第四种是为增强目的推进的医学化，如各种整容手术、认知功能增强及潜在的遗传增强，这些生物医学干预措施不以治疗为目的，仅用来提升个人表现。

（四）医学化的驱动力

医学化背后的驱动力是多种多样的，其中一个主因是某一现象或问题给人们带来了痛苦。以精神医学为例，按照戴维斯的分类，精神疾病可归类于“偏常行为”。在中世纪，精神疾病患者往往被视作“魔鬼附身”，要烧死才能驱逐他们身上的魔鬼；20世纪以前，精神疾病患者常被视为“性格有缺陷的人”，甚至“罪犯”。由于这种不正确的认识，精神疾病患者被“污名化”：大量的精神疾病患者遭到非人的对待（被家人抛弃、关押、束缚、鞭挞、强迫劳动），甚至被夺去生命。以今天的认识，上述两种认识是非客观、非科学的。20世纪，开展了“精神疾病去污名化”运动，这一概念真正走入了公众的视野。由于这种典型的偏常行为吸引了神经病学专家的关注和研究，精神疾病逐渐被医学化。相关的理论学派尝试对精神疾病进行解决。时至今日，人们对精神疾病的探索仍在继续。

然而，同样以精神疾病中的重度抑郁症为例，医学化也会导致各种问题。现如今，抑郁症的医学化已是常态。抑郁症的症状广泛，包括压抑、沮丧、自责、失去兴趣等，然而轻度的情绪波动并不代表抑郁症。对于某些轻度的情绪低落或者波动较大的人，医生往往会给予抑郁症的治疗，如使用抗抑郁药物等。但是，将一些非病态的焦虑状况纳入医学范畴，可能会导致过度医疗或社会过度依赖药物，忘记了自身的心理健康和自我调节能力，倒向医疗社会化和商业化。医疗领域的发展和商业化导致医学范畴逐渐扩大，包括对非病态的情感状态进行定义和治疗。此外，有些人因得不到他人认同感而自我判定为抑郁症，造成心理困扰和障碍，有人也会以此为借口来逃避责任，不去承担社会义务。

综合来讲，驱动医学化的力量有三种。第一，以医生为主的专业团体，具体表现为在概念上使用医学词汇、模型定义问题；在制度上将问题认定为合法的医学问题；在医患互动上将患者的问题定义为医学问题，并使用医疗手段进行处置。第二，以制药业为主的医疗产业复合体，表现为在制药市场营销中占主导地位的策略从“药物贩卖”到“疾病贩卖”。第三，患者及家属和患者团体的主动参与，表现为描述病情、寻求医疗标签。

三、应对医学化的人文策略

医学化有其基本的驱动力及正面作用，然而医学化本身忽略了心理和社会因素，采用单纯生物医学框架理解问题。这样单一僵化的视角下，健康营造便不可能完善，因为医学化忽视了医学中人文的角度，甚至剥夺了患者及其家属的自主权。这也使医学偏离了其原本的初衷，甚至可能危害人的健康。因此，医学人文的兴起及医学界对医学化的质疑，成为通过赋权（empowerment）来落实《宪章》的基础，连结并赋予健康更为积极的社会参与意涵，保障人民健康权利，重塑医患信赖关系。

（一）提升人文素养，明确医疗适应性

医学人文思潮凝聚了政府、专业和民间的力量，营造了恢宏的视野，也对未来健康照护的发展奠立了全新的重要基础。医学人文核心能力主要是运用专业知识从事医学人文思维与实践的能力，也包括透过医学人类学、医疗社会学、医学史、疾病叙事和生命伦理学等跨领域学科的运用，在医疗机构解决医学专业相关的问题。

“四主题”（four boxes）临床伦理决策为指引，将医疗适应性作为建立医患关系及从事临床伦理决策的出发点，共同努力的目标是患者的生活质量，兼顾包括患者的亲友、社会角色、机构环境和政策资源等情境特征，这也会促进临床场域与社会场域之间的良性互动。从事医学人文，要前瞻性地了解医疗趋势与专业制度发展的来龙去脉，因势利导地引导医学在临床上的科学应用，减少大处方、大检查、过度医疗，从而减轻医学化的倾向。借助医联体内医疗卫生资源的合理配置，加强医保部门的监管，稳健地引导医学发展和医学研究成果的正确使用，避免日常生活、生产的医学化。

此外，医疗专业和事业机构要有合适的政策和导引机制，协助健康照护机构从业人员发展能力，鼓励患者和家属参与，建立并维护医患伙伴关系，为患者的生活质量与福祉共同努力，持续促进人类健康福祉。顺应临床照护范式转移的新医疗专业，制订教学相长行动方案，营造永续学习环境，提升医学人文关怀能力。通过广泛多元的参与式设计，实现共学实践，带动崭新健康营造的量能。

（二）医患之间适宜沟通，提升患者就医体验

生命文化的兴起就是医学人文成功反思并避免医学化负面影响的趋势，提升了人们对医疗科技、用药与临床研究的道德自觉。生命文化智慧由何而来？叙事认同的口述历史实践，也已应用到临床，成为结合叙事医学与临床伦理咨询发展的基础，倡议从生命文化的高度来丰富生命伦理学的实践。面对疾病的不确定性及局限性，医患双方都常伴随无奈、焦虑乃至恐惧。鉴于疾病的复杂性、治疗的未知效果及预后的不可预测性，医护人员需要不断地学习新的医学知识，掌握新的操作技能，开展科学的诊疗决策，负责任地对待每一个患者。

适宜沟通是保障医疗质量和提升患者就医体验不可或缺的一环。医护人员与患者之间的有效沟通，不仅能够帮助患者更好地理解自己的病情和治疗方案，还能够减轻其焦虑和恐惧。医护人员要更好地了解患者的真实需求与合理期望，提供更加个性化的医疗服务。医护人员通过健康宣教来提升患者的健康素养，促进有效沟通。家庭会议能够将患者及其家庭成员聚集在一起，共同讨论病情和治疗方案，增强患者及其家人之间的信任、支持。医护人员也能更全面地了解患者的家庭背景和社会支持情况，制订更加符合患者实际情况的治疗方案。

（三）生命文化与工具理性的有机融合

诱发现代社会医学化倾向的一个重要原因是工具理性占据主导地位，技术至上论

盛行。然而，过度依赖工具理性不能完全解决患者的身心疾病，还会导致医护人员医学职业精神的迷失，使医疗实践丧失人文关怀，医患关系变得冷漠。通过融合生命文化，诊疗实践可更加关注患者的情感体验和精神需求，从而提供更加人性化、有温度的医疗服务。

高扬人文精神，让自然生命和文化生命在医疗实践活动中依然能够实现内在统一。自然生命指人的生物性存在，而文化生命指人在社会、历史、文化等背景下的存在。自然生命与文化生命的良性互动，意味着在尊重人的生物性需求的同时，也要关注人的社会性、精神性和文化性需求。这种互动不仅能够提高人的生命质量，还能够使人的生命更有意义。通过融合自然生命和文化生命，现代医学可更加全面地关注患者的身心健康和全面发展，让短暂的人生达到更高的境界。

（四）借助生命文化叙事，实现健康营造

生命文化叙事鼓励人们关注生命的整体性和意义，通过实践来体验和感悟生命。这种实践不仅限于医疗治疗，还包括对生命的全面关怀和尊重，从而构成一个自我进步和创造机会的健康营造过程。在学习和创造的过程中，重新审视和批判个人对生命的感受和逻辑。通过提升自我能力和素养，人们可更好地引领健康营造，成为专业的健康倡导者。

医疗专业人员需要反省自己与患者、家属及社会之间的多元关系。赋权患者及其家属意味着给予他们更多的决策权和参与权，这种赋权是促进健康营造的专业实践基础。建立伙伴关系，并鼓励病友团体分享经验，这种分享可以泽及家庭，并扩大安宁疗护生命文化的孕育量能，构建一个更加温暖、支持和理解的社会环境。鼓励人们用生命去书写自己的故事，并分享和共同营造健康的空间与机会，人们可以跳脱医学化的陷阱，践行健康文化。

（陆　凝　蔡笃坚　张新庆）

参考文献

[1] 蔡笃坚．实践医学人文的可能［M］．台北：唐山，2001．

[2] 辛幸珍，许正园，陈汝吟，等．临床伦理学：临床医学伦理决策的实务导引［M］．台北：合记出版社，2011．

[3] 苏珊．桑塔格．疾病的隐喻［M］．台北：麦田出版社，2002．

[4] ZOLA IK．Medicine as an institution of social control［J］．Sociol Rev，1972，20（4）：487-504．

[5] COCKERHAM WC．The New Blackwell Companion to Medical Sociology［M］．Hoboken：

Wiley-Blackwell，2010.
[6] AMRI M，ALI S，JESSIMAN-PERREAULT G，et al．Evaluating healthy cities：A scoping review protocol [J]．PLoS One，2022，17（10）：e0276179.

“促防诊控治康”六位一体理念与实践

从生物－心理－社会医学模式的视角看，群医学提出的“促防诊控治康”六位一体理念有丰富的生命文化内涵，对医学模式的践行有重要的指导作用。在群医学背景下，“促防诊控治康”六位一体理念的传播和行动转变，为全民共建共享“健康中国”时代提供实践范式。

一、医学模式及其转变

（一）医学模式

医学模式（medical model）是观察和处理医学问题的基本思想和主要方法。在医学实践活动过程中，人类对健康和疾病形成认知，再基于认知采取处理疾病、促进健康的方法，就是医学模式。人类对健康和疾病的认知从简单到复杂、从局部到整体，更加全面、透彻和科学，解决健康和疾病问题的方式更加科学化、精细化。医学模式的演变经历了从古代朴素的整体医学模式、近代生物医学模式到现代的生物－心理－社会医学模式的过程。

古代医者不清楚病因，也缺乏治愈疾病的手段。古代医学模式是整体而又朴素地看待疾病。例如，《说文解字》中解释，“醫”是“治病工也”；“医”源于“巫”，以向神灵祈福为主，辅以外伤治疗方法。以解剖学、生理学、医学微生物学等为代表的近代医学兴起后，医学的对象从人细化到身体、器官、组织、细胞和分子水平，形成了以疾病为中心的生物医学模式。生物医学模式将生物要素作为界定疾病的根本指标，忽略了社会和心理等影响因素，而实际上在心理疾病和传染性疾病的治疗中，社会和心理因素比生物因素更为重要。由此，在20世纪70年代，更加符合医学目的和WHO健康观的新模式生物－心理－社会医学模式应运而生。

（二）生物－心理－社会医学模式

20世纪70年代，美国罗彻斯特大学医学院精神病学和内科学教授乔治·恩格尔在其发表的文章《呼唤新的医学模式，对生物医学模式的挑战》中倡导生物－心理－社会医学模式。它强调从系统的角度来认知世界，认为人类健康与疾病取决于生物、心理及社会等各种因素，要求进行整体综合的、而非单一孤立的诊疗方式，强调了生物医学模式所忽略的心理、社会方面。

从系统论的观点看，自然是一个由不同层级构成的具有连续性的统一体。每一层级的稳定维系不仅需要自身内部的动态平衡，还要由他所属的更高层级的特性所决定。人向内从属于生物，向外从属于社会、自然，作为完整的系统中的一部分。不同层级之间有物质流和信息流穿行，任何一个层级发生障碍都会传达和影响其他层级。在理解人，特别是患者的时候，不仅要关注较低的层级，如细胞和组织等生物学实体，还应当审视宏观的家庭、社会层级，将人视为有丰富心理活动的完整的人。

系统论不仅可用来理解人，也可用来解释疾病。生物－心理－社会医学模式用不同层级之间互为因果的解释模型代替了生物医学模式的线性因果解释模型。根据各层级系统的相对完整性和功能活动来形成健康、疾病和失能等概念。健康反映的是系统内和系统间的高度协调，如果任何一个层级的协调遭到破坏，系统就会加以校正和改变，系统的协调或失调就成为鉴别健康、疾病和失能的基础。疾病对人的影响涉及多个层级，需要树立一种整体的、联系的、动态的健康和疾病观念，建立生物－心理－社会医学模式。

二、“促防诊控治康”六位一体理念的提出

长期以来，国际医学界对人群健康、社会及经济战略依然关注不足，这些不足表现在：重治疗措施，轻照护一体化中的其他要素；过度依赖生物医学措施，轻视生物、心理、社会和环境因素；缺乏与其他部门相关人员的协调与合作，严重阻碍实现人群健康和促进健康公平。王辰院士将“population medicine”译为颇具中国传统文化色彩的群医学，指出群医学是融合、运用当代医学及相关学科的知识和原理，基于现实可及的卫生资源条件，统筹个体卫生行为与群体卫生行动，指导公共卫生实践，实现人群整体与长远健康效益最大化的新兴的交叉学科。为了更好地应对未来的全球健康挑战，医学界应接受并实践一门能够解决所有这些不足的新学科——群医学。新医科教育改革迫切要求群医学的创新发展，进而构建群医学的学科体系、学术体系与话语体系。

群医学是一个不断发展的概念，旨在通过调动可获得的资源，最大限度地提高人群的长期健康水平，促进健康公平。群医学可通过以下方式实现上述目标：提供包括健康促进、疾病预防、诊断、控制、治疗、康复在内的全面照护，整合和应用现代医学及相关学科的知识、学术原则和技术，协调个人健康行为和集体健康行动，以及作为公共卫生实践的医学基础。群医学的核心价值之一是实现了从关注个体健康到关注

人群健康的转变，通过多学科努力解决影响健康的生物－心理－社会因素，从而实现长期的人群健康。王辰院士倡导，医学必须从促、防、诊、控、治、康六个方面实行对人的全面照护，要求协和学子要将健康照护的“六字箴言”运用在医学事业的方方面面。

与生物－心理－社会医学模式不同的是，“促防诊控治康”六位一体理念是一种更为全面的医学照护原则，不仅强调治疗，还强调预防疾病，促进健康来抵御疾病。生物－心理－社会医学模式强调从心理和社会方面认识人类健康和疾病的医学模式，同时对于疾病的认知能力也更为先进。因此，该模式较为贴合“促防诊控治康”六位一体理念所强调的医学健康照护原则。但该种模式在“促”和“防”上有一定欠缺。生物－心理－社会医学模式下的医疗水平能够很好地诊断疾病，治疗疾病，并且使患者很好地康复，但并没有明确关注促进健康与预防疾病是一种更为全面的治疗模式。“促防诊控治康”六位一体理念描述了一种更为先进的医学模式照护，即治疗加预防模式，更为符合当代的医疗发展与人类的医疗健康需求。

三、“促防诊控治康”六位一体理念的含义

慢性病在老龄化人口中的流行迫使我们重新审视医学生的培养，使他们掌握在日益多元化的文化环境中工作的技能，参与到以患者和人群为中心的医疗系统，对患者实行全面照护。经验告诉我们，临床医生在每次会诊中都会应用群医学原则，了解个人健康结果受健康的社会决定因素的影响。

“促防诊控治康”六位一体理念强调多部门协同合作，提升人群整体健康水平，为加强预防医学（preventive medicine）与临床医学（clinical medicine）的联系提供了具体路径。长期以来，虽然基础医学、预防医学、临床医学及康复医学发展比较平衡，但实际工作中似乎重视疾病治疗，忽视疾病预防，这使重新认识群医学下的“促防诊控治康”六位一体理念显得尤为重要。

医学对人实行的全面照护，可分为“健康促进、预防、诊断、控制、治疗、康复”六大方面，简称“促防诊控治康”。“促防诊控治康”六位一体既是医学学术上的理念，又是卫生体系中的行动方式，遵循群医学理念（图1-1），通过“促防诊控治康”六位一体来实现全面照护，促进以治病为中心向以人民健康照护为中心的转变。

“促”是指健康促进，旨在让人变得更健康、更强壮，增加人的健康储备，增强抵御疾病的能力。这一部分无论从目标还是实现过程来看，都与生物－心理－社会医学模式不谋而合。一个健康的人意味着他不仅躯体上没有疾病，并且心理状态平和，没有精神疾病，还拥有良好的人际互动及和谐的社会关系。增加健康储备意味着人要在

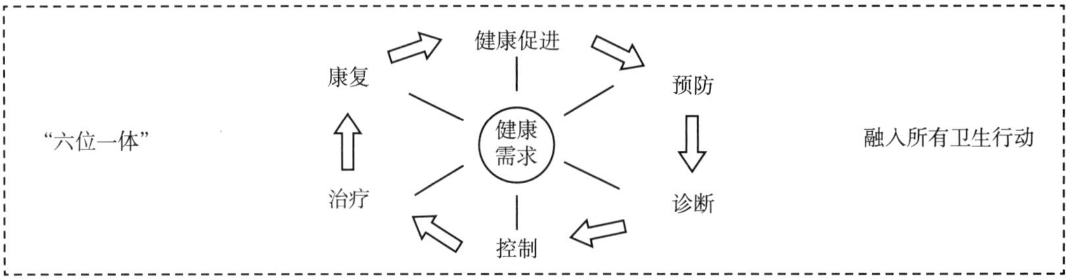

图 1-1　六位一体健康观

无疾病的基础上，追求更良好、更强壮的身体状态，更愉悦轻松的心境，更稳固友好的社会关系。从实现过程来看，如果没有社会生产力的进一步发展，经济水平的提高，那么对健康的追求就如纸上谈兵。经济社会秩序正常，生产生活平稳有序，是健康的现实基础。

"防"是指预防，在接触高危人群时，要求医生应从系统论的视角出发，消除导致疾病的危险因素，如戒烟少酒、规律运动、低盐低脂等，从患者作为完整的人和社会关系的人的视角出发来考虑问题，运用联系和发展的观点考虑患者和疾病所牵涉的更高和更低的系统层级。根据疾病类型和病因的不同，医生既可从亚原子分子的病变出发，向上推演到生态层级的变化，也可从社会-国家层级的变动出发，向下推演出细胞的病理改变，从而使疾病和患者的各种表现都被囊括其中，使患者获得一种整体上的关切和治疗。既要收集患者的情绪、感受、观念等方面的信息，又注意理解患者的语言和行为传达出的信息，这对于全面整体地理解患者和疾病都非常重要，也是做出合理的诊断、治疗的重要前提。

"诊"是指诊疗，旨在知道得了病、得了什么病、得了多严重的病。通过各种检查，使用药物、器械及手术等方法对疾病做出判断和消除疾病、缓解病情、减轻痛苦、改善功能、延长生命、帮助患者恢复健康的活动。诊疗活动包括三大要素，一是诊断性检查，包括针对病情进行的病理、生理、生化、微生物、寄生虫等检验检测及影像学检查等；二是诊疗方法的应用，即使用药物、器械及手术等方法；三是治病为目的，即通过对患者做出各种处理措施，达到疾病判断、缓解病情、减轻痛苦等目的。

"控"是指控制，即阻止小病变大病，一个人的病传给他人、多人。旨在将已经发生的某些疾病限制在最小范围或最低水平，包括对传染病、地方病、寄生虫病、慢性非传染性疾病、职业病、食源性疾病等重大疾病发生、发展和分布的规律进行检测并提出预防控制对策。

"治"是指纠正病理生理和病理状态，这两部分需要医务工作者从患者身体、心理及社会关系等多方面进行分析处理。比如在问诊时，不仅要密切关注患者的症状、体征，还要仔细询问患者的生活和工作环境、家庭成员情况、生活习惯、有无不良嗜好等内容，旨在对患者的疾病状态有更全面的判断，对病因有更深入的分析思考。在制订治疗方案时，也应考虑到患者身体的承受能力，特殊的治疗手段是否会对患者心理造成影响，患者对于复杂用药方案的依从性及经济承受能力等因素。

“康”是指康复，急性病在时间上、慢性病在功能上，尽可能使患者的生理、心理和社会适应能力改善。在此基础上，医生还应具有特殊的责任意识，“以系统论为导向的医生能够意识到自己对于患者、患者家属及其他相关人员的责任”。由于疾病，医生突然介入患者的生活，须综合、协调地应用医学的、教育的、社会的、职业的各种方法，使病、伤、残者已经丧失的功能尽快、尽最大可能地得到恢复和重建。

四、“促防诊控治康”六位一体理念的临床实践

2019年7月9日，健康中国行动推进委员会印发《健康中国行动（2019—2030年）》，聚焦当前主要健康问题和影响因素，提出“全方位干预健康影响因素”的要求，针对影响健康的行为与生活方式、环境等因素，实施健康知识普及、合理膳食、全民健身、控烟、心理、环境六项健康促进行动。全球慢性非传染性疾病高发，以慢性阻塞性肺疾病（简称“慢阻肺”）为例，它是一种常见的、可以预防和治疗的，以持续性呼吸道症状和气流受限为特征，通常由明显暴露于有害颗粒或气体导致气道和/或肺泡异常的慢性呼吸系统疾病，已成为我国第三大单病种死因。

我国慢阻肺在“促防诊控治康”六位一体理念中，“促”是健康促进，指运用行政的或组织的手段，广泛协调社会各相关机构及社区、家庭和个人，使其履行各自对健康的责任。“防”是预防，指预防慢阻肺高危人群患病。“诊”是诊断，指对筛查出的拟诊慢阻肺患者进行及时科学的确诊。“控”是控制，指控制慢阻肺患者的疾病发展，稳定患者病情，保护患者脏器功能，尤其是呼吸功能。“治”是治疗，指纠正患者的病理状态。“康”是康复，指通过患者教育、运动训练及行为改变等综合康复治疗来改善慢阻肺患者的身体和心理健康状况。只有“促防诊控治康”六位一体，才能有效形成慢阻肺防治管的合力。

近年来，国家对慢性呼吸系统疾病的防控愈加重视，已相继出台了从吸烟、空气污染、职业暴露等慢阻肺重要危险因素防控到慢阻肺监测与规范化诊疗等方面的一系列卫生政策。如在控烟方面，提出开展控烟宣传教育、加快控烟立法、强化控烟执法、提供戒烟干预、建设无烟环境等政策措施；在空气污染防治方面，提出加强大气

环境治理、实施大气污染防治、持续改善环境空气质量等政策举措；在职业防护方面，提出以职业性粉尘和化学物质等危害因素为重点，遏制职业病发生、保护职业健康等政策。

为了减少对已经不堪重负的医疗系统的需求，促使传统的临床医生转向对纯粹的临床环境之外的更广泛的健康决定因素进行探索，对全面照护的各个方面进行干预，以造福个人和整个群体，从而实现医疗保健系统的转型，减少健康不公平现象，改善人群健康。在医学实践中，预防医学与临床医学一直并行发展，其间有不小的“裂痕”。实施“健康中国”战略，就必须推动“以治病为中心”向“以人民健康为中心”的转变。而群医学概念的提出为弥补这一裂痕提供了思路。群医学下的“促防诊控治康”六位一体理念是运用、融合当代医学及相关学科的学术和技术，动员现实可及的资源，从健康促进、预防、诊断、控制、治疗、康复六个方面，统筹个体卫生行为与群体卫生行动。

五、“促防诊控治康”六位一体理念的应用价值

群医学理念为我国“促防诊控治康”六位一体工作体系建设提供重要指导。2018年7月，北京协和医学院开始建设中国第一个群医学学科，王辰院士进而提出“促防诊控治康”六字箴言，融合运用基础医学、临床医学、公共卫生与预防医学、康复医学的知识和原理，基于现实可及的卫生资源条件，统筹个体预防保健、医疗康复措施与人群整体卫生行动，指导公共卫生实践，推动健康公平，实现人群整体与长远健康效益最大化。“促防诊控治康”六位一体理念进一步增加了临床医学与预防医学之间的联系，强调注重防治结合，真正促进医防一体，既重视个体疾病发生机制和诊疗，又重视群体疾病预防和健康维护，倡导全社会多部门协作，合理配置卫生资源，优化健康政策。

人民的终极福祉就是健康和生命。医学、卫生和健康，这三个方面的内容有机相连但属性不同：医学主要属性为知识、技术和学术；卫生主要为医学的社会转化，为主要遵循医学原理而产生的行动；健康是医学和卫生追求的结果，是良好的民生状态。健康的涵义包括个人的“身心俱泰”，包括人与人和谐，人与环境友好，即“天人合一”。而“大医学”“大卫生”“大健康”的提出就是为了引领、促进医学卫生健康事业的科学发展。王辰院士提出的“促防诊控治康”六位一体这一健康照护理念，其各部分内容相辅相成，是不可割裂的，不仅适用于临床医学、群医学、公共卫生，更适用于整个医学卫生健康事业。

人民健康是民族昌盛和国家富强的重要标志。党的十九大提出“实施健康中国战

略”，标志着我国已进入全民共建共享“健康中国”时代。通过对群医学下的“促防诊控治康”六位一体理念与实践的回顾和总结，认为群医学下的“促防诊控治康”六位一体理念是符合“健康中国”建设的价值取向和方法学。当前我国建设“健康中国”，需要在它的指导下从全生命历程、全健康服务、全人群保障等角度规划健康服务，构建“以人民健康为中心”的健康服务新体系；需要在群医学实践中统筹个体预防保健、医疗康复措施与人群整体健康行动，建立“政府主导、多部门合作、全社会参与”的大健康管理机制。因此，我们倡议：在建设“健康中国”过程中发展群医学以减少健康不平等，促进全人群健康效益最大化，践行“促防诊控治康”六位一体理念；同时应用医学的发展成果不断推动健康中国建设，为实现“两个一百年”奋斗目标，进而为实现社会主义现代化和中华民族伟大复兴的中国梦打下坚实的健康基础。

（张　洋　石晓楠　张新庆）

参考文献

[1] 彭瑞骢，常青，阮芳赋. 从生物医学模式到生物心理社会医学模式[J]. 自然辩证法通讯，1982（2）：25-30.

[2] 杨善发. “新医科”教育改革需要“群医学”三大体系创新[J]. 锦州医科大学学报（社会科学版），2022，20（3）：25-30.

[3] 任成山，刘恩，林辉. 群医学的理念及发展现状[J]. 中华肺部疾病杂志（电子版），2020，13（5）：581-585.

[4] 杨维中，冷志伟，单广良，等. 群医学：弥合预防医学与临床医学裂痕的新兴学科[J]. 中华医学杂志，2020，100（26）：2001-2005.

[5] 丁可鑫，余红平，陈大方. 群医学在健康中国建设中的地位与作用[J]. 中国癌症防治杂志，2020，12（5）：501-505.

[6] ENGEL GL. The clinical application of the biopsychosocial model[J]. Am J Psychiatry，1980，137（5）：535-44.

[7] WANG C，CHEN S，SHAN G，et al. Strengthening population medicine to promote public health[J]. Chin Med J（Engl），2022，135（10）：1135-1137.

[8] IVORY K，BANDLER L，HAWKE C，et al. A clinical approach to population medicine[J]. Clin Teach，2013，10（2）：94-8.

[9] ROUBLE AN，ZAYED R，HARVEY BJ，et al. Integrating clinical medicine and population health：where to from here?[J]. Can J Public Health，2019，110（6）：801-804.

迎向“一元健康”的全球治理策略

中国古典哲学认为，在自然界中，天、地、人三者相互关联。北宋学者程颢指出，“仁者，以天地万物为一体。”人类是由大自然孕育而生，生活在大自然中的人与自然界的运动变化相互呼应，密切联系，相互影响。在广阔的天地之间，人在宇宙天地间并不是孤立的，健康的维系应与自然法则运行相向而行。这样的健康追求也是做人做事的基本原则，这是最原始、最宽广的一元健康观。

一、全球健康挑战：探析“同一健康”理论的时代背景

进入21世纪以来，世界动物卫生组织（World Organization for Animal Health，OIE）提出了“同一健康”（One Health）的理念，强调人类、动物和生态系统的健康需要持续地平衡和优化。现今，“同一健康”被定义为在地区、国家和全球范围内，通过多个学科综合努力，以实现人类、动物和环境的健康的范式。本文考察“同一健康”理论的时代背景，含义发展、伦理蕴含，实现“同一健康”的路径方法与局限，以此提出一元健康的全球治理策略。

同一健康的核心观点在于人和动物的健康相互依存，并与共同生活的生态系统的健康密不可分。提出之时，人类已经开始面临抗生素耐药性增加和新出现的人畜共患病原体（如新冠病毒、埃博拉病毒）的严重威胁。据统计，在全球新出现的传染病中，有61%属于人畜共患病。当病毒从宿主动物传播到人，就会引发疾病传播，甚至可能引发全球大流行，给公共卫生安全带来新的威胁。因此，只有将人类健康、动物健康和生态环境健康视为一个整体，确立“同一健康”的理念和实践，我们才能有效地解决全球性健康问题。

（一）人类利益与动物保护：解决共存之难

人类的需求和发展往往对动物和环境造成不利影响，导致人类与自然环境及动物之间的冲突，因此，必须以生态的视角看待人类与动物、环境之间的利益冲突，追求平衡各方的利益。

（二）抗生素耐药性：威胁与应对挑战

同一健康着眼于解决人为的抗生素滥用造成的人类生存问题。20世纪40年代，微生物学家塞尔曼·瓦克斯曼将“抗生素”定义为由微生物产生的化学物质，可以抑制细菌和其他微生物的生长，甚至将其杀死。通过抗生素治疗，许多呼吸道、消化道和泌尿生殖道感染都可得以缓解或痊愈，也因涉及各种多样且复杂的问题，引发争议。抗生素耐药性是目前全球公共卫生面临的最复杂威胁之一。据估计，2019年全球有127万人死于抗生素耐药性细菌感染，495万人的死亡与抗生素耐药性感染有关。在农业和动物生产中使用抗生素可能导致环境污染，对生态和公共卫生产生影响。为了应对微生物药物耐药性和不断涌现的人畜共患病所带来的威胁，需要一种全面且协调的方法来解决耐药性问题。1998年，欧盟成立了细菌耐药性监测系统，以收集全球的抗生素耐药性事件数据。21世纪以来，国际社会提出了抗生素监管的新思路，强调国际合作和跨学科合作，倡导“生态抗生素管理”和“同一健康”的理念。2001年，WHO推出了“遏制抗生素耐药性全球策略”；2011年，欧盟建立了抗生素使用量监测网，以监测抗生素的使用情况；2015年，WHO发布了全球行动计划，以优化抗生素在人类和动物中的使用；2016年，中国在“遏制细菌耐药性国家行动计划（2016—2020年）”中强调采取“同一健康”策略，并通过跨部门合作的方式应对抗生素耐药性问题。

二、从提出到演进：跨界合作构建“同一健康”理念

（一）“同一健康”理念的渊源

“同一健康”的概念强调打破过度人为主体及工具理性的局限。其实，古希腊时期就有自然环境影响人类健康的记录。当时，人们通过对动物知识的研究来类比推断人类医学。18世纪， Giovanni Maria Lancisi医生通过研究牛瘟，将人类和动物流行病与气候和地理条件联系起来。19世纪，细胞病理学家Rudolf Virchow意识到人类和动物健康之间的联系，他创造了“人畜共患病”的概念来描述在人类和动物之间传播的传染病。Calvin Schwabe提出了“同一医学”（One Medicine）的概念，强调人类医学和兽医学之间的相似性，呼吁采取统一的医学方法来对抗人畜共患病，更有效地治愈、预防和控制影响人类和动物的疾病。动物医学逐渐被认为是医学领域的一部分。流行病学家William Foege断言，人无法将人类健康的故事与动物健康或环境健康分开。

（二）“同一健康”理念的提出

同一健康理念的提出代表一个更为全面的全球性跨领域信息合作，来共同面对人畜共患的新兴传染病。2000年，OIE提出了“同一健康”理念，倡导建立全球动物卫生信息系统和专家、项目信息共享机制，以加强兽医系统的服务能力。它与70多个在人类－动物－生态系统中发挥关键作用的国际组织开展协同合作。2004年，国际野生动物保护学会召开了以“同一世界，同一健康”（One World，One Health）为主题的国际会议，引入了生态系统健康的概念，扩展了同一健康的理念。会议强调人类健康与生态系统健康的密切关系，以及野生动物和生态环境对新发传染病发生和传播的影响。2008年，在禽流感大流行期间，WHO等国际组织共同制定了“关于在人－动物－环境接触界面上应对和降低新发和再发传染病风险的战略合作框架”，正式提出了“同一世界，同一健康”联合战略框架，将“同一健康”作为推荐方法。

WHO将“同一健康”定义为一种综合的、增进联合的方法，目的是可持续地平衡和优化人类、动物和生态系统的健康。WHO认为，人类、家养和野生动物、植物及更广的生态系统的健康是紧密联系和相互依赖的。这个倡议需要用跨学科合作方法，整合多学科领域的专业知识和技能，优化人类、动物和环境所面临的共同挑战。同一健康的目的是更好地预防和应对人类、动物和生态系统之间的疾病传播，最终提高全球健康水平。

（三）“同一健康”理念的发展

延续到新冠疫情全球大流行的时代变迁，“同一个健康，同一个医学，同一个世界”的理念开始有连结健康、医疗、生态，乃至于整体环境的趋势。2009年，美国疾病控制与预防中心确定了“同一健康”的任务，包括预防人畜共患病的暴发、改善食品安全、减少耐药菌感染以提高人畜健康，并保护全球健康安全。2010年，WHO、FAO和OIE在越南河内签署了合作协议，提出在人类－动物－环境界面上共同担责和协调全球“同一健康”行动计划。该协议促进了重大动物疾病早期预警系统的建立，实现了疾病信息共享、流行病学分析及流行风险评估。2017年，WHO将“同一健康”定义为一种措施，包括设计、项目实施、政策、立法和研究等方面，通过多部门间沟通和合作，提升公共卫生水平。重点研究领域包括食品安全、人畜共患病和抗生素耐药。

为了在全球推广“同一健康”理念，促进健康可持续发展，WHO、OIE、联合国粮食及农业组织（Food and Agriculture Organization，FAO）与联合国环境规划署（United Nations Environment Programme，UNEP）于2021年明确了“同一健康”是一种综合的、增进协作的方法，旨在可持续地平衡和优化人类、动物和生态系统的健康。三者的健康是紧密联系和相互依赖的，需要社会各个部门、学科和社区的共同努力，以促进福祉，应对健康和生态系统面临的威胁，同时满足对清洁水、能源和空气、安全和营养食品的需求，采取应对气候变化的行动，促进可持续发展。2023年，欧盟委员会举办的“同一健康”大会的主题是“众生的同一健康”。

三、促进健康的责任与利益：探索“一元健康”的伦理内涵

与国际组织倡导的同一健康相比，“一元健康”将健康视为整体与共同的责任和利益，强调每个人和社会有共同促进健康的责任。“一元健康”包括以下几个方面的伦理考虑。

（一）社会公平与正义

同一健康强调每个人都享有健康的权利，不论其社会经济地位、性别、种族、年龄等因素。这意味着每个人都应受到公平对待，均有平等的机会获得健康资源和服务。同一健康倡导社会正义，提倡平等的健康机会，以减少社会健康差距。这需要政府和其他组织共同合作，采取积极的措施，以确保弱势群体和弱势地区也能够获得必要的健康资源和服务。

一元健康理念强调追求公共卫生政策中人群健康的公平分配，关注人类、动物和环境之间健康的公正性。面对人畜共患病时，它是一个适用于人类、动物和环境健康协调的合适概念。一个涵盖生态系统各个层面的合适概念是“复原力”（resilience），是最广泛覆盖生态系统各层面范围的概念，指个体或系统在面对外部压力时保持或恢复到稳定状态的能力。一元健康的目标是在全球范围内追求世界大同，共同构建一个公平、公正和可持续的健康体系与环境，确保天地万物都能够享受健康的权利。包括但不局限于通过关注社会公平与正义，采取相应的措施来减少健康差距，推动全球健康的公平和可持续发展。这需要个人和集体共同努力，提高健康意识，推动行为变革，为全社会的健康公平做出贡献，实现一个健康、公正和包容的大同社会。

（二）基于赋权伦理，重构同一健康

从赋权伦理的角度来看，每个人如何有平等的机会去获得健康？如何克服社会经济地位、种族、性别、年龄或其他身份特征？如何强调公正和平等？如何反对歧视和不公正的健康政策和实践？用赋权伦理学重构同一健康，可作为缓解认知与集体之间隔阂的桥梁，促进健康促进的国际合作。

赋权伦理学强调个体的权利和自主性，意味着个体可以根据个人的能力、意愿和价值观做出决策，而不是被强制性地接受集体的决策。只有超越同一健康，迈向一元健康的认识论，才能更好地赋权万物，更好地理解、参与、赋权和认同集体决策的意义和价值，建立信任，增进共识，并促进共同的健康目标的实现。

四、一元健康理念下的全球健康治理

（一）实现社会可持续发展

一元健康可促进全球健康治理和合作。全球健康治理和合作是生命伦理学的生动体现，在全球范围内解决与健康相关的挑战至关重要。各国政府和国际组织要加强合作，共同应对全球性的健康问题，如传染病控制、环境污染和健康不平等。通过分享知识、资源和经验，可以建立更加公正和协作的全球健康治理体系，确保所有人都能够享受相同的健康权利和机会，实现人类社会的可持续发展和全球的健康繁荣。

（二）“一元健康”为全球治理提供理论支持

疾病不受国界限制，全球范围内的健康问题需要全球性的解决方案。全球重大公共卫生事件让人们意识到单独的国家、政府部门，或单独依靠某个学科无法解决全球性健康问题。同一健康强调人类、动物和环境健康的相互依存关系。目前实现同一健康需要跨学科的整合，需要国家、政府部门之间，以及医疗机构、环境组织和人民群众长期协同。以此为基础，提升到一元健康强调全球范围内的环境生态互联和天地万物相互依存。在全球化时代，生物技术和医疗实践的应用已经越来越跨越国界。

全球卫生不平等是一个现实存在的问题，如何缩小各地区的健康差距，使每个人都能够享有健康的权利？国际社会必须共同努力，真正减少全球健康不平等的现象。

（黄静波　蔡笃坚　张新庆）

参考文献

［1］蔡笃坚. 福祸相倚的台湾后疫情挑战：一个比较历史的生命伦理学视角［J］. 应用伦理评论，2023，74：67-93.

［2］TAYLOR L H，LATHAM S M，WOOLHOUSE M E. Risk factors for human disease emergence［J］. Philos Trans R Soc Lond B Biol Sci，2001，356（1411）：983-989.

［3］YANG Q，GAO Y，KE J，et al. Antibiotics：An overview on the environmental occurrence，toxici-

ty，degradation，and removal methods[J]. Bioengineered，2021，12（1）：7376-7416.
[4] RUCKERT A，FAFARD P，HINDMARCH S，et al. Governing antimicrobial resistance：a narrative review of global governance mechanisms[J]. J Public Health Policy，2020，41（4）：515-528.
[5] CARDIFF R D，WARD J M，BARTHOLD S W. One medicine—one pathology：are veterinary and human pathology prepared?[J]. Laboratory Investigation，2008，88（1）：18-26.
[6] RUBIN C S. Operationalizing One Health：Stone Mountain and beyond[J]. Curr Top Microbiol Immunol，2013，366：173-183.
[7] WHO. Joint tripartite and UNEP statement on definition of “One Health”[Z]. 2021.

第二部分

健康人文的理念与实践

健康人文的含义及实践价值

20世纪以来，医学人文作为一门重要的学科，在世界各国呈现出多元化发展的趋势，取得了相当大的进展。健康人文概念的提出是对现代医学的一种回应，为应对医疗服务、医学教育和医学实践的新需求和新挑战提供了新的思路。本文通过梳理健康人文的概念、特点、研究内容、全球健康人文的现状，探讨文学艺术与健康人文的关系，从哲学、社会学、伦理学等多角度审视健康问题，厘清健康人文的实践价值。

一、健康人文的概念、特点

（一）人文思想源远流长

《周易·贲卦》云:“文明以止，人文也。观乎天文，以察时变；观乎人文，以化成天下。”天文与人文相对应，天文指各种自然现象或自然秩序，观察天文可知四时变化；人文指人类的精神生活的各种形式或人事条理、社会的运行法则，行为合乎文明礼仪。西方人文思想发端于古希腊，普罗泰戈拉称:“人是万物的尺度。”文艺复兴时期的意大利兴起了人文主义思潮，强调人的地位、价值和尊严，肯定了现实人生和世俗生活，强调个性自由。现代意义上的人文不仅与知识、思想和技能紧密相连，更与理想、信念、精神境界、道德情操、人格魅力，以及世界观、人生观和价值观密不可分。人文指人的独特的文化创作，如礼教、道德规范、习俗。只有“人”才能创造“文”，使人从野蛮蒙昧状态中解脱出来，通过文明化育直达成己、成人、成物的人类理想。

（二）医学人文是医学的重要组成部分

医学集人类知识、技术、艺术之大成。整体性的医疗活动是医理、医术和医疗实践三者的有机统一。医学从发展之初就饱含人文色彩，不仅要揭示致病机制，治愈疾病，还要求医者富有同情心，提供人道主义的关怀和照护。如今，医学模式转变，现代医学从单纯重治疗转向治疗与关照并重，提供心理关怀。医学与人文结合，密不可分，“医学人文”这一概念应运而生。

医学人文（medical humanities）指借鉴史学、艺术、哲学、文学的观念、工具和方法，从跨学科视角，创造性地识别和分析医疗卫生领域中存在的复杂的社会文化问题，并给出恰当的解释和解决方案。医学技术与人文的融合使医疗服务能够更好地满足多层次医疗需求，更人性化和多元化。但随着研究的不断深入，人们发现医学人文已无法囊括所有健康相关问题的研究。“健康人文”（health humanities）这一新术语在近年来逐渐兴起。

（三）健康人文

健康（health）是人类共同追求或维系自身最佳的完好状态。1948年，WHO对健康下了定义，健康的外延从“没有疾病和身体缺陷”拓展到了“身心健康和社会幸福的完美状态”。医学目的不仅仅是治疗躯体疾病，还要促进心理健康、社会适应和环境友善。这些对健康内涵和外延的重新界定彰显了医学人文的基本理念。不过，如果要全面深入地考察健康的人文蕴含的话，就需要引入“健康人文”的理念与实践。

2010年，英国诺丁汉大学的克劳福德（Crawford）率先提出了一个新的学科概念：健康人文。他在2015年出版的论著《健康人文》（*Health Humanities*）一书中主张：借助艺术和人文，捕捉医疗卫生领域实践和体验的意义，深刻理解医疗技术、工具的效果。这一概念的提出突破了传统医学人文的学科壁垒，将研究对象扩展到除医生以外的其他工作者，提供了一个更具包容性、更加开放和更面向应用的学科工具来研究健康中的人文问题。

随后，英美国家健康人文的研究也在我国学界得到及时的呼应。在“健康中国”建设大背景下，段志光教授提出“大健康人文”概念，将其定义为“对人的健康境遇和生命过程优化中的影响因素，给予全方位、全流程、全要素的健康促进和凸显人性的关怀”。他还提出全球健康人文应包括“全人、全面、全程、全时和全方位”的“五全”理念。如今，健康人文的概念具有多重含义。通过艺术和人文的手段回归健康，研究范围扩大到医学之外，关注健康行业中的人性关怀，增加了家庭和社区的健康需求。

综上所述，可以将健康人文定义为应用人文学科（如文学研究、语言、法律、历史、哲学、宗教）和艺术（如视觉艺术、音乐、表演艺术）等来探究人类的健康、疾病、残障、衰弱等所有健康相关问题的跨学科研究领域。从本质上来说，健康人文的服务对象是人，最终目的是促进人类健康。

健康人文具有几个显著的特点。首先是研究视角的转变，健康人文不仅从医生的视角考量疾病与健康的问题，也从普通公众的视角由下而上地审视问题。其次是视域的拓展，健康人文超脱了传统医学的研究范围，将视域投向更广泛的非临床语境，包括护士、康复师等行业，同时也关注残障者、老年人等非患者人群的健康需求。最后是内涵的丰富，健康人文不仅讨论临床诊疗相关的议题，也关注残障叙事、濒死体验与死亡意义、身体与文化认同等。

1978年，WHO《阿拉木图宣言》中把健康界定为四个层次：生理健康、心理健康、道德健康和社会适应健康。本文对应这四个层次，整理出健康人文不同的蕴含，健康人文可在身体健康、心理健康、道德健康、社会适应健康等层次发挥不同的作用，促进追求最高层次的健康（表2-1）。

表2-1 健康人文的多重蕴含一览

健康的层次	健康的人文蕴含
身体健康	医生、护士、康复师等协同帮助患者治愈疾病，恢复身体功能
心理健康	家庭、社会共同承担责任，关注心理健康，关注性与性别认同、身体与文化认同、濒死体验与死亡意义等议题
道德健康	通过教育、媒体宣传、艺术、运动等方式帮助人们树立正确的道德观和健康观，促进内心的安和、仁爱，保持健康的生活习惯，提升精神境界
社会适应健康	运用人文学科和艺术的功能全方面提高人们的情商，增强社会适应能力，打造良好的人际交往关系，达到个人与社会完美融合的健康状态

二、健康人文研究内容

健康人文将研究范围扩大到整个社会，探究健康观念、健康权利、健康责任等不同领域的内容。

（一）健康观念的历史演变

健康观即人们对健康的看法。健康人文超越了单纯的医生视角，也从普通公众的视角审视健康与病痛问题。医学发展与所属时代的健康观互相影响，密不可分。研究不同的健康观，有助于了解不同社会文化背景的人们对待健康与疾病的方式。中国传统医学把健康理解为一种平衡或稳定的状态，形成了一种带有朴素唯物主义特色的健康观。古人习惯用阴阳、正邪来解释人体健康问题，以内因“七情”、外因“六淫”来概括健康与疾病、躯体与精神、内外环境辩证关系。古希腊医生希波克拉底创立了“四体液”学说，古罗马医师盖仑创立了“三灵气”学说，他们都认为健康是一种比例平衡状态。

西欧近代科学兴起以来，西方的健康观受到人体机械论模型的影响，聚焦于躯体的完整性，因此，健康被定义为“没有躯体和精神疾病的症状”。19世纪的“细胞学说”确立之后，健康被认为是一种“生物学内稳状态”；许多疾病的病因、机制相继被发现和阐明，生物医学模式逐渐盛行。然而，疾病的发生并非简单的生物学事件，受到个体精神状况及社会文化因素的影响。1978年，国际初级卫生保健会议签署《阿拉木图宣言》，强调“健康是一项基本人权”。进入21世纪后，健康的内涵进一步扩大，生态健康的观念深入人心，人类社会更加注重人与自然间的和谐关系，促进人类可持续发展。

伴随着新发重大传染病的全球大流行及各个国家的公共卫生应对实践及理性反思，全球健康的观念和实践逐渐浮出水面。全球健康观（View of Global Health）是指针对跨越国家和区域边界的健康问题，需要通过全球性的共同认知和共同行动才能达到全球健康目的的一种新观念。在全球健康理念的指导下，健康不再是个体、社会或国家的事，而是全球人民共同追求的目标。实现全球健康的目标需要做到以下几点：一是考虑健康的全要素，包括身体、心理、行为、道德等；二是要对从出生到死亡提供完整的医疗保健服务；三是要提供随时随地、无微不至的关怀；四是对影响全球健康的因素采取全方面干预行动。至此，人们的健康观念被不断扩充，已从单纯的关注自身身体健康转变为关注全球健康。

（二）健康权利与责任

《“健康中国2030”规划纲要》指出，健康既是一种权利，又是一种责任。到底什么是健康权利，什么是健康责任？

1. 健康权利 权利是指法律赋予人实现其利益的一种力量，健康权是公民获得卫生保健和健康条件的权利。健康权的发展可大致分为三个阶段：朴素的私权观，萌芽的社会权观，现代健康权。健康权从私权逐渐上升为基本权利。

19世纪初期，欧洲霍乱、热病流行，水源、食品、环境的卫生状况得到重视，人们对健康的内涵有了新的认识，健康权被赋予了超越个体之外的社会性。各国开始承担起维护公民健康的责任，一些国家陆续进行健康医疗保险立法，健康权被上升为人权来捍卫。1946年，WHO首次将健康权纳入宪章序言。《世界人权宣言》（1948）明确了健康权作为人权的基本性质。《中华人民共和国民法典》第一千零四条明确规定了自然人享有健康权，且确定了对其优先保护的原则。

健康权是国家和公民均可主张的权利，这是现代文明的特征，意味着每个人都应平等地享受健康方面的保障。健康权应涵盖身体健康、精力充沛、身体与精神达到一种和谐平衡的状态三个方面的内容。在“人人享有健康权”的号召下，人们对健康的要求更高也更具体化，不仅关注身体上的完好，也重视个人心理和社会适应，健康人文将研究范围扩大到所有健康相关问题，是对健康权利的进一步提升与保障。

2. **健康责任** 责任是一种职责和任务，是身处社会的个体成员必须遵守的规则和条文，带有强制性。健康无法脱离社会环境的制约，个体健康总是依附于社会，是全社会的共同利益所在，健康需要个人、社会、国家共同维护。健康责任指为了维持健康而必须承担的责任，可分为个人责任、社会责任和政府责任。

健康的个人责任指个人能意识到健康的重要性，选择自主与自律，在个人能够合理控制的范围内减少健康风险因素，并对自身的健康结果负责。当个体患病时，应尽可能地寻求和利用医疗服务，把康复作为己任。缺乏健康责任理念，过量饮酒、缺乏锻炼、饮食不健康、作息混乱等不良生活方式会引发致病风险因素，使慢性病成为健康的最大敌人，鼓励、引导公民改善生活方式，将重点从“治病”转向“防病”。

健康的社会责任是公民超越于利己行为之外的职责行为或者利他行为。首先，公民应积极参加与健康有关的社会公共活动，如健康宣传教育和环保活动。其次，不做危害他人健康行为的举动，不侵犯他人的健康权益。

健康的政府责任要求国家政府将提供卫生服务作为自己的基本职责，制定合理公正的卫生法律法规及规章制度，设立和协调各卫生部门，把增进人民健康作为卫生首要目标。此外，政府应组织健康教育，可利用现代传媒工具进行健康知识的科普和宣传，提高公民的健康意识和自我保健能力。在出现公共卫生危机，如传染病流行时，政府应及时进行干预，加大投入力度，保证人民健康。

各国政府及国际组织还应担负起全球健康的责任，尤其是减少全球卫生资源不公平的责任。国家在全球卫生方面的责任更为确定和广泛，以实现对全球卫生具体责任的更全面、更公平的分配，对履行这些责任负责。在新冠疫情大流行期间，通过全球健康治理联动，有效遏制疫情的蔓延，体现了中国在全球健康治理中的引领作用和大国责任担当。

综上所述，健康是由个人、社会、政府共同维系的，健康责任的构建是由多方参与的。在面临不同健康问题时，各责任的主次顺序会发生改变，但任何一方的责任都不可偏废，只有个人、社会、政府各负其责，才能最大限度地保障公民健康。健康人文包含“自下而上”和“自上而下”的研究视角，这将进一步维持各方健康责任的平衡，促进医药健康事业的发展。

（三）“健康中国”战略的人文蕴含

《“健康中国2030”规划纲要》指出，健康是促进人的全面发展的必然要求。推进健康中国建设，可推行健康文明的生活方式、营造绿色安全的健康环境、调整优化健康服务体系。理解“健康中国”战略的人文蕴含是推进“健康中国”建设的必要条件。

“健康优先”是“健康中国”建设依循的首要原则，它强调把健康摆在优先发展的战略地位，并立足国情，将促进健康的理念融入公共政策制定实施的全过程，加快形成有利于健康的生活方式、生态环境和经济社会发展模式，实现健康与经济社会良性协调发展。“优先”是一种价值取向，“健康优先”遵循了“以人民健康为中心”的发展理念，推动了大卫生、大健康。这一原则强调了对人的健康状况的全方面关怀，本身就具有很强的人文色彩。

“预防为主、关口前移”是建设健康中国的主要手段。预防疾病的发生、延缓疾病的发展是核心议题，倡导从“治已病”向“治未病”转变，推行健康生活方式，防治结合，转变服务模式，调整优化健康服务体系，强化早诊断、早治疗、早康复，在强基层基础上，更好地满足群众健康需求。在该原则的指导下，医务工作者的职责从服务患者向服务广大人民转变，从关注疾病向关注健康转变，从注重治疗向注重预防转变，体现了健康中国的人文关怀。

公正原则是“健康中国”战略中人文精神的集中体现。推动健康领域基本公共服务均等化，维护基本医疗卫生服务的公益性，逐步缩小城乡、地区、人群间基本公共卫生服务的差异，实现全民健康覆盖，消除健康不公平现象。公正是指根据个人的义务或应得而给予公平、平等和恰当的对待。公正是指个体或部分群体享有均等的治疗机会和医疗资源。

国家将“健康中国2030”提升为一项国家战略，本身就是对人的基本权益极大尊重。战略中人文关怀的体现意味着整个国家自上而下的健康观念的转变。健康与人文密不可分，健康人文是推进健康中国建设的强大工具。

三、艺术与人文融入健康发展

健康人文主张开展全方位、全流程、全要素的健康促进行动，普及健康生活。这一目标的实现需要社会和个人共同发力以形成合力，促进自觉的健康行动。充分发掘文学领域和表演、美术等艺术领域的健康价值，能拓宽健康人文的发展空间，为健康文化的成长提供土壤，丰富健康人文创新发展的源动力。以文学和艺术为例，文学和艺术基于人类的审美意识和同理心，生动直观地体现了生命价值、疾病体验、死亡、人生复位的情绪感受，将抽象的情感、思想和文化形式化，其富有感染力的表现形式易于被更多个体接受和理解，对于加强健康文化教育、塑造健康生活理念、提升健康研究影响力有极大助益。

（一）文学、艺术的人文本性

文学作为一种文化意识形态，是人精神活动的产物。文学以语言为载体，通过文字表达情感、思想和文化，反映人类特定阶段对人的本质和生存状况的认识，在人与现实的诸种关系中责无旁贷地肩负着承载人文精神的重要使命。这种关系既可以反映人类生命观、死亡观、自由发展、精神追求等内容；又可以基于现实关怀，关心人类生存处境与具体现实环境、生命的痛苦与快乐、人性的卑微与崇高、死亡的过程与意义等内容。

文学创造了一个可以近距离探索人的价值、人际关系、情绪的虚拟环境。在人与社会关系上，文学以求真为切入点，为没有经历过历史衰亡、苦难折磨或人生大事等的个体，传承整体社会的历史和具体状况；在人与自然关系上，以求美为切入点，感受道德伦理的价值，反思自己的文学鉴赏力、道德想象力；在人与他人关系上，以求善为切入点，深入他人的内心世界，真实地呈现善恶之间人际关系的复杂样态，引发思想共鸣。

艺术与人类社会相生相伴，其对人类本体、生命本身的关注，使艺术本身散发人文精神。具体来说，艺术将人类精神的真、善、美有机结合并呈现出来，帮助个体形成阳光、积极、向上、健康的心理，树立正确的世界观、人生观和价值观，筑牢人生之基；在每个个体的成长中，艺术可以传授人文知识、完善心智、健全理想人格。良好的人文素养可以充分理解情感与哲理，增进对社会的观察与体验，促进对人生的感悟与思索，培育真挚的审美情感。人类天马行空的想象力、瞬息直觉中对美的感受、各种知觉对审美价值的感悟，都是艺术的人文精神给予人类的馈赠，艺术帮助我们提升生活趣味，充实精神气质。

（二）医疗文学的健康促进

1. 文学作品中的医疗叙事 在健康研究领域，疾病叙事、文学治疗等丰富的形式反映了健康人文与文学悠久而多样的联系。同时在健康传播方面，以书面文字或文本形式记录的疾病叙事、身体书写有最为广泛的受众群体。这些文本深刻阐明了疾病如何使个体不同程度地陷入波动与不稳定、痛苦与彷徨、害怕与焦虑的阈限状态，开拓了医学叙事方式，在记录机体疾病反映的基础上书写患者的疾病体验。

一方面，医疗文学对于个体医疗意识的培养和丰富有重要作用。医疗叙事的源起在我国最早可追溯到记录于甲骨之上的医事卜辞，自此之后从《史记》列传中记载的诊籍，到《红楼梦》中描写的药方看诊，再到《醉花窗医案》对医案、医志的详实记录，都是对诊疗活动完整准确的记载。进入当代，也多有医者“弃医从文”，书写出颇具社会价值的医疗文学作品。例如，毕淑敏的文学作品就处处渗透着珍惜生命、救赎生命的医者情怀。医学能使机体得到康复，文学则可以救赎灵魂。这些医学叙事对于医学生和年轻医生而言，可以帮助他们理解疾病折磨的痛苦、亲友离去的悲痛，面对突发事件能够带着尊重和关怀与患者及其家属沟通，稳定家属失控的情绪；患者至亲阅读医疗文学，以增进感同身受，给予患者最需要的关怀与慰藉；病友的倾诉可以跨越时空的限制，帮助患者建立信心，放松疲惫的心灵，舒缓对死亡的恐惧，重树人生复位的信念。

另一方面，医疗文学的记录可以为历史、文化研究带来更多的视角。例如，《病夫治国》一书记录了多位叱诧风云的领袖人物与疾病抗争的过程，疾病摧残他们的身体与精神，但也赋予其超乎常人的意志力。此外，医疗和疾病在人类史中有特殊的社会意义，与疾病的抗争构建出一个重要的文学主题，卡夫卡的《乡村医生》、阿贝尔·加缪的《鼠疫》、加西亚·马尔克斯的《霍乱时期的爱情》等均书写着疾病肆虐下的身体反应、社会历史和伦理哲思。

2. 病志的健康促进 病志是侧重于描写疾病体验、患病期间心理健康问题的自传体文学类型，是健康与文学交汇处最广泛存在的文学体裁，突出体现了文学与医学的交集。病志一方面描述了个体与疾病从遭遇到抗争，间或与死神赛跑的疾病体验的描述，丰富了疾病记录的内容，医方的病历往往只会记录机体和病情的变化，而患者的主观感受、内心体验往往被忽视；另一方面，正如安妮·怀特海德所言，“病志是极限体验的场所，（可能）与死神邂逅之地，能有力激发人们对意识、能动性与身份的质疑”。病志也可以提供给患者，阅读他人书写的疾病经历，在病魔肆虐的时候增强信心，从中收获战胜疾病的经验，调节重病初愈的无力感，开始崭新的生活。病志文学的发展，加深了人们对疾病功能的理解，人生苦难的经历也会形成宝贵的人生经验。正如阿瑟·弗兰克所说，疾病的经验在于“在人们经历混乱不堪或无所适从之后可以重新定位自我；人们可以记录这个重大经历，通过书写疾病体验来恢复自我连贯性与生命连贯性”。

（三）表演艺术的健康促进

1. 表演艺术对健康状态的促进 艺术是实现健康人文发展目标的重要支撑。艺术与医学同源，均聚焦于人类本身、生命本原。艺术侧重于感性，聚焦于人的精神世界，医学侧重于理性，聚焦于人的生理健康，医学可以加强艺术的深度和广度，艺术则为医学提供了工具理性与价值理性相协调的新视点。无论是生理上的健康锻炼，抑或是心理上的审美教育，艺术与健康关系密切。一方面，舞蹈、体操等表演艺术可以充沛体力，锤炼体格，如人民群众喜闻乐见的广场舞、太极拳、五禽戏等艺术形式，可以对身体直接起到有益作用；另一方面，完美的人格不仅需要智育、德育，更需要美育的加持，三者相辅相成，教育部在美育教育的相关要求中也明确提出："美是纯洁道德、丰富精神的重要源泉，美育是培根铸魂的工作。"在校园中开展多种形式的文艺活动，既可以提升学生认识美、欣赏美、理解美及创造美的能力，又可以丰富学生的课余生活，舒缓学业压力，提升心理健康水平。

艺术能够极大地促进对疾病、残疾、痛苦、关照等问题的理解性探究，有助于医生拓展临床共情，提升精神境界，在实际情感体验和想象中实现共情、意义的思考。"要做一个至善的人，必须有深刻而周密的想象力，把同胞的苦乐当作自己的苦乐"，这种感同身受的体验既需要医护人员对患者情感变化的感知，又要具有德性本善的感动、同情和关怀。

表演使艺术跨越时间，通过艺术家的表演向观众传递审美价值，延续文化与叙事，进而对观众的道德观和价值观产生影响，使其获得情感慰藉，引发思考并激发想象力。克劳福德认为，表演者与观众的关系不仅是共享艺术素材，还可以扩展到更为广阔的所有人类经验，尤其是可以通过健康传播、健康探究与健康促进三个方面作用，扩展到覆盖人类健康的各个领域。

2. 音乐疗法的健康发声　以音乐为例，音乐作为一种表演艺术，与我们的精神、情感、心理与身体发展之间联系密切，能够影响人类在感情、思想与语言等方面的能力。在健康传播方面，音乐可以通过表述健康生活经验、传授卫生保健知识、探究健康公平问题等促进人类健康发展。例如，2022年，北京冬奥会主题曲《一起向未来》掀起了全民参与冰雪运动、冬季健身的热潮。在健康探究方面，可以开展基于艺术的健康研究工作。在健康促进方面，对音乐的临床研究涉及情绪宣泄、情绪支持及诱导内省等多个方面，其中利用音乐的情绪影响能力对患者的心理进行干预体现了最主要的应用价值。音乐疗法也有临床实效。例如，音乐可以使失语症、孤独症、阿尔兹海默病患者获得美感体验和愉悦的心情，在康复的过程中时刻保持积极的状态，将音乐治疗作为药物或手术治疗的辅助手段，可消除患者不良心理，提高康复和手术的效果。

《"健康中国2030"规划纲要》提倡每个人都要做好自己健康的第一责任人，这种主动健康的理念，在日常生活中的映射是追求健康幸福的行动中无关乎医院与医生的部分。仅仅依靠医学也无法涵盖幸福健康（well-being）的方方面面，在居家生活、工作通勤、旅行外出等场景中进行身心健康的保养倚重非医学因素。因此，家庭和社会也应承担足够的健康保健责任，发挥健康促进作用。

人文与艺术作为一种载体应用于健康保健领域，秉持着“主动健康”的理念，助力改善大众健康状况，提升幸福感。这种跨越学科的携手，能够为每一个个体开拓追求健康的路径，为健康保健事业的发展开拓一条新路。

（桂益欣　王笑农　张新庆）

参考文献

[1] 李伯聪．“医”之双重“三维论”和“医学工程”的双重含义［J］．医学与哲学，2021，42（14）：1-5.

[2] 曹颂源，孙丽娟．近十年国外音乐治疗研究热点与前沿分析［J］．医学与哲学，2021，42（11）：45-50.

[3] 段志光．大健康人文：医学人文与健康人文的未来［J］．医学与哲学，2017，38（6A）：6-9.

[4] 唐文佩，张大庆．健康人文的兴起及其当代挑战［J］．医学与哲学（A），2017，38（06）：1-5.

[5] 蒋月，林志强．健康权观源流考［J］．学术论坛，2007（4）：144-148.

[6] 郭建，黄志斌．中国健康治理面临的主要问题及对策［J］．中州学刊，2019，40（6）：68-72.

[7] 孟佳瑜，颜聪聪，赵俊杰，等．国内外个人健康责任政策分析及启示［J］．健康研究，2021，41（6）：663-666.

[8] 李红文．论健康责任［J］．中国医学伦理学，2015（5）：748-751.

[9] 袁廿一．新时代“健康优先”的三重理论逻辑［J］．医学与哲学，2022，43，（8）：33-38.

[10] CRAWFORD P，BAKER C，BROWN B，et al．Health humanities：the future of medical humanities?［J］．Mental Health Review Journal，2010，15（3）：4 -10.

基于伦理原则的公共健康实践审视

新冠病毒感染全球大流行，引发了世界性的人道主义危机。全球性公共卫生事件紧急应对，离不开各国政府、各类社会组织、个人的广泛参与，群策群力，共克时艰。突发重大传染病疫情防控不仅需要科学防控和医疗救治，还要重视政治和文化管理，协调不同利益相关者的利益和诉求，明确公共卫生价值体系和分析立场。因此，发展公共卫生健康伦理学并制定一套行之有效的伦理规范势在必行。不过，在生命伦理学/医学伦理学的分支学科领域中，公共健康伦理学的发端较晚，对公共健康伦理基本内容的表述也各不相同，而频繁暴发的公共健康危机使公共健康伦理的认识与完善显得必要且紧迫。本文尝试梳理公共健康及其伦理原则的内涵，审视具体的公共健康问题，帮助更好地明确伦理原则的价值导向，注重干预措施的价值检视及反思，以获得对于公共健康伦理的价值认同。

一、公共健康及公共健康伦理

（一）公共健康的内涵

1920年，查尔斯·温斯洛将公共健康（public health）界定为“全社会的公私机构、大小社群及所有个人通过有组织的努力与有根据的选择来预防疾病、延长寿命并促进健康的科学与技术”。

从三次卫生革命的任务变化来看，公共健康的内涵和外延在悄然变化。第一次卫生革命针对严重危害人类健康的传染病和寄生虫病展开，注重卫生环境的改善；第二次卫生革命旨在规范大众生活行为方式，以防治慢性非传染性疾病；第三次卫生革命以加强健康宣教、促进与维护健康、对抗早死、提高生命质量为目标，这是公共卫生更偏向的一种手段，是以实现公共健康为目的，人们所关注的也不再只是卫生这一条件，而是健康这一目标。同时，随着“将健康融入所有政策”“同一健康”理念、《“健康中国2030”规划纲要》、“公共健康3.0”计划等的提出，“健康”一词也被越来越广泛地应用，公共健康是适应现代医学时代即医学理念新的发展阶段的重要目标，是“健康中国”战略安排的新使命。因此，“公共健康”相较于“公共卫生”具有更加丰富而适应时代发展需要的内涵。本文即围绕公共健康与公共健康伦理展开讨论。

（二）公共健康伦理的应用及特点

我国对于公共健康伦理问题的讨论主要始于2003年重症急性呼吸综合征（severe acute respiratory syndrome，SARS）暴发期间。在公共健康危机应对、重点疾病预防控制、公共健康风险管理的各个阶段，疾病和健康作为一种媒介，将加强人与人、人与社会、人与自然之间的联系，政府、社会组织和个人作为行为主体实行的任何一项以实现公共健康为目标的实践活动，都应以政策和制度作为指导，而政策和制度的制定、个人行为的选择实则是一定价值认识和道德选择的产物。因此，公共健康促进应有机融入伦理规范。

由于公共健康伦理旨在研究与公共健康相关的所有伦理问题，以及解决这些问题应奉行的伦理原则与道德规范，其基本论域与公共健康实践领域完全重合。目前公共健康伦理重点讨论传染病防控、计划免疫、疾病筛查、卫生资源配置、公共健康政策制定等实践领域中的问题。

公共健康着重关注人群层次，对象强调群体而非个人。因此，公共健康伦理区别于传统生命伦理，是以社群意识、效用原则为基本遵循，即强调社群对于自我与个人的优先性，并从整体上衡量风险/受益比。在具体实践中，突出的伦理难题表现在个人权利与公共善的冲突、家长主义干预与个人自主的冲突、国家利益与全球公共健康利益的冲突及紧缺资源分配中公平与效率的冲突等。

二、公共健康应遵循的伦理原则

公共健康伦理领域包含一系列与公共健康相关的一般道德考虑——道德概念和规范的集群，这些概念和规范被称为价值观、原则或规则。在一般道德的基础上，根据公共健康以实现群体净受益为目的的特点，结合不同国家和地区的社会、文化、历史和政治背景及发展阶段，同时考虑不同人群和群体间特殊的权益和需求，公共健康伦理原则的提出就显得特殊而具有多样性。

一般伦理原则在生物伦理学、公共健康的某些道德推理及伦理决策方法中起着重要作用，其中包含与公共健康行动诉求相关的部分，如避免、预防和消除伤害，产生利益与危害和其他成本的最大平衡，公平分配利益和负担（分配正义）并确保公众参与（程序正义），尊重自主选择和行动，保护隐私和机密等。同时，一些关于公共健康伦理的叙述指出了与社会和环境问题有关的其他原则，如团结互助原则。因此，在遵循一般道德原则的基础上，为更加具体地指导实践，效用原则、公正原则、尊重原则、互助原则、相称性原则为主要的公共健康伦理原则。

（一）效用原则

效用原则是指导公共健康行动决策的第一位原则，其核心是综合考虑一项特定公共健康行动的正效应与负效应，确保受益与伤害相抵后盈余最大。同时因为公共健康是以实现整体人群的疾病预防、寿命延长及健康促进为目标，因此，群体优先于个人、健康权优先于其他权利，同样是遵循公共健康伦理之效用原则需要明确的两个重点方面。例如，为了防控部分传染病的传播与流行，可能会对患者进行隔离治疗，这虽然损害了部分个体的自主权，但维护了多数人的利益，因此，此时施行的隔离措施是可以得到伦理辩护的。

值得注意的是，公共健康优先并不意味着就可以为了群体的健康随意限制或侵害个体利益，当健康损害不可避免时，应尽力将程度降到最低。作为整体的一部分，个体受到的损害最小化同时是整体受益最大化，即符合效用原则的内在要求。例如，如果需要隔离患者，应给予一定住宿补贴、提供心理疏导等。

（二）公正原则

在公共健康伦理中引入公正原则，主张公正地分配给每一个人属于他的利益或负担。这里的公正包括分配公正、程序公正和回报公正。

分配公正分为形式公正与实质公正。公共健康的使命是通过实现有限资源的最优配置，使所有人尽可能地实现完全健康。不同性别、年龄、种族、宗教、经济地位、政治信仰的人首先应有同等机会获得健康，保证机会平等。但同时考虑到，在天然的不平等已然形成的基础上保证绝对的形式平等实质上并不公平，罗尔斯的公正理论允许存在一定程度的不平等（差别原则），扩展到健康问题上就是，当且仅当为使最少受惠者获取最大利益、缩小健康差距、扩大机会平等的实现范围时，此时的分配不平等才是实质上的公正，是可以被容忍的，也符合效用原则中对公共善的优先选择。如深入推进“全民参保计划”，力求基本医疗保险全人群覆盖（形式），同时建立完善医疗救助制度，针对弱势群体提供特殊医疗保障（实质）；程序公正即保证公共健康行动过程公开透明，确保不同利益体参与决策，结果获得人们的普遍认可，实现“看得见的正义”；回报公正即赏罚分明，通过对特定行为进行公正的正、负向激励，有助于维持社会运行机制的有效运转。

（三）尊重原则

“人是目的，而不是手段”。尊重原则要求我们将动机完全放在人本身上，履行纯粹的道德。尊重个人的知情权及自主性，即每个人在充分知情、不危害他人利益的前提下都应有自由选择的权利，无自主行为能力的人则可由其监护人代为决定。然而由于认知偏差，民众并不总能做出真正有利于自身利益的选择，在符合效用原则的前提下，由政府机构介入、对假定错误的行为进行家长式干预是可以受到伦理辩护的，如通过提高烟草税收限制吸烟自由。

尊重个人隐私权，即保护私人生活安宁及私人信息不被窃取、公开。当个体私人信息公开成为必要时，应尽可能限制公开范围。例如，为防控传染病的传播与流行而公布已感染者行程轨迹信息以供民众自查、寻找密切接触/易感人群时，应抹去对于排查工作无益又会致使当事人受到歧视、伤害的信息（如感染者姓名、社会关系）。

（四）互助原则

构建“人类卫生健康共同体”意识、秉持“同一健康”理念其实就是对于互助原则重要性的认同。

互助原则要求社会网络中的社会成员个体以积极合作的态度参与配合公共健康行动的实施，强调承担社会责任的主动性及义务性，适用范围同时可扩展到国家与地区及国际、人类与动物及环境之间的利益关系处理上。例如，对于跨越国界、洲界，甚至蔓延全球的疾病，需要各国积极互助地采取一致措施遏制其流行，否则境外输入会极大地威胁一方安宁。个人、社区、国家、地区、全球各层次的关爱关系是促进健康的基础。

（五）相称性原则

当以上各项原则之间发生冲突时，在公共利益与个人或群体利益冲突的问题处理上，就要求以相称性原则作为指南，强调干预行为的有效性、合理性及最小限制性，权利克减。符合相称原则的公共健康行动需满足：干预措施是行之有效的，即能够达到预设的促进或维护公共健康的目的；干预措施对公民权利的克减已限定在最小范围内，无其他更小侵犯的可替代方案；干预措施获得的公共利益与造成的损失合比例，造成的影响在当事人可负担范围内，且应得到必要的赔偿与补偿。

三、具体公共健康问题中的伦理审视

（一）疫苗分配及接种的伦理反思

一直以来，传染病防控都是公共健康行动应对的重点工作。疫苗作为人类预防和对抗传染病最经济、有效的手段之一，对建立群体免疫屏障、保障人民健康有重要意义。而在卫生资源紧缺时疫苗该如何分配、免疫规划疫苗强制接种如何实行等问题的解决上，可以从公共健康伦理的角度反思其合理性。

1. 疫苗分配 未成年人及老年人由于自身生理特点，对病毒的抵御能力相对较差，医务人员因工作原因长期暴露在高危环境中，都属于脆弱人群、易感人群，更难获得健康。根据公共健康伦理原则中的公正原则，为使脆弱人群、易感人群有与一般人群相同的机会获得健康，有限的卫生资源分配就应向他们倾斜。有限条件下疫苗分配需考虑的价值及标准包括内在价值和工具价值，前者包括挽救的生命数、生命质量等针对当事人的价值效果，后者则包括能够借以产生的对医疗保健系统和其他更广泛的社会利益，综合衡量不同战略的成本效益。当疫苗分配优先着眼于脆弱人群，同时确定疫苗接种对该群体的疾病预防有效，有助于阻断疾病的群体性传播促进群体免疫时，此项行动才符合公共健康伦理原则。

2. 疫苗接种 肺结核是一种常见的传染性疾病，卡介苗已被纳入计划免疫，于新生儿出生24小时内强制免费接种。部分民众出于对疑似预防接种异常反应的担忧、针头恐惧等心理障碍等，常会出现“疫苗犹豫”，使强制接种工作的推进产生阻碍，而若此时实行强制措施则会侵犯部分个体的自主性。

在现实工作中，依据公共健康伦理原则中的尊重原则，由于新生儿无法实现自主，受种决策权均交由其法定监护人以尊重个体的自主性和知情权，即在接种之前由医务人员说明疫苗种类、用途、可能的不良反应及禁忌情况等，在监护人充分知情后签字表示同意。“强制接种”的“强制”其实是针对医务人员的要求，为新生儿提供卡介苗接种的服务，而对新生儿及其监护人本身并不具有强制力。

针对强制接种疫苗的最小限制性替代方案，即政策助推。例如，加大对疫苗接种积极效应的宣传力度、加大退出疫苗接种系统的难度、降低疫苗自付价格等，以可预测的方式改变人们的行为，最大限度地尊重自主性。此外，公民作为疫苗接种的利益方，应持有应接尽接的意识。首先从自身获益的角度出发，接种卡介苗具有极高的风险/受益比，由此收获的健康会使儿童在未来拥有更多的自主性。其次依据互助原则，公民具有积极配合公共健康行动、防止自身传播疾病对他人健康造成损害的义务。如果公民选择拒绝接种，只能自行承担恶劣的健康危害后果。

同时需要指出，为最大限度地减小损害、消除“疫苗犹豫”，加强疫苗质量控制、建立和完善相应的疫苗损害救济制度、提供必要的心理疏导等也是必要的。

（二）电子烟减害战略的伦理检视

吸烟虽属于个人行为，但其不仅会危害吸烟者自身健康，还会以二手烟、三手烟的形式损害周围人群健康，因此，控烟同样属于公共健康行动的范畴。

Thomas等倡议将使用电子烟作为一项烟草减害战略（E-Cigarette Availability），而Soumyadeep等主张应将电子烟控制同样纳入WHO-MPOWER烟草控制框架进行分析，综合考虑伦理、证据及行动背景。

支持使用电子烟的群体主要呼吁尊重个人的自主性，以电子烟有助于戒烟（中等可信度证据）、含尼古丁的电子烟与其他传统尼古丁替代品或非尼古丁电子烟的不良事件无差异（低可信度证据）、二手电子烟的危害不明确为主要的论证依据。而反对电子烟的群体则以电子烟可导致青少年产生烟草成瘾的“入门效应”（gateway effect）、造成非健康的错误价值观传递为论据，同时质疑电子烟实际危害被低估、戒烟效果证据不足等。

后续监测烟草使用和预防政策，只有当进一步研究表明吸电子烟产生的有益效应能抵消全部的有害效应，并具有较高的风险/受益比时，公众自主选择吸电子烟本身才可能得到伦理辩护。同时，保证研究结果公开透明、尊重个人自主选择权利符合公共健康伦理中的尊重原则。而电子烟确实有害身体健康，政策不应鼓励任何有害健康的行为，这与公共健康的目标初衷背道而驰。毕竟公共健康行动目标是保障健康，而不是保障其他个人权利。

（三）新生儿疾病基因筛查的伦理指导

2012年，卫生部发布的《中国出生缺陷防治报告》指出，据估计我国出生缺陷发生率在5.6%左右，每年新增出生缺陷人数约90万例，是婴儿死亡的首要原因。随着我国全面“三孩”政策的推行，出生缺陷干预自然会成为未来各医疗机构的重点工作。随着基因组学技术被越来越多地嵌入医疗保健，国内外已有多项研究探索了高通量测序在新生儿疾病筛查中的应用。与传统筛查手段相比，基因筛查可覆盖没有可靠生化标志物及更高通量的疾病，且可缩减报告周期和检测成本。然而，在是否及如何将这项新技术广泛投入使用的问题考虑上，应以公共健康伦理为指导。

在效用考虑方面，虽然基因筛查技术具有一些显而易见的正面效应，但同时也会带来很多负面效应。例如，由于科学限制，新生儿基因筛查必然会有一定的漏诊/误诊率，漏诊可能造成错过治疗，而误诊又可能造成不必要的心理负担、过度诊疗、浪费医疗资源等负面效应；如果多数医疗保健系统尚未准备好完全支持基因诊断后续治疗的开展，基因筛查会推动额外的医疗保健需求的产生，形成社会负担；因为新生儿基因筛查自主性由其监护人代为实现，可能存在过多地赋权给父母而忽视其实际可承担责任的能力问题等。因此，要综合考虑疾病特征、检测成本、可接受度、安全性等并做出评价，只有当基因筛查技术能在现有筛查计划的基础上增加价值，并且不会被过度诊疗等危害抵消时，才能推动它的实施，即符合效用原则。

同时，在基因筛查作为公共卫生项目正式施行时，基于尊重原则，应注意尊重个体自主性，保证新生儿监护人代为选择时的知情同意权，避免暗示基因筛查是势在必行，强迫个人参与；尊重个体隐私权，要求基因检测及基因序列存储单位注重患者的隐私保护，防止基因信息泄露，避免引发歧视。而基于公正原则，则应避免资源倾斜，拉大健康差距，对健康公平产生消极影响。

四、结语

在公共健康问题的现实应对中，存在诸多社会、文化、经济、政治等因素，仅仅遵循科学无法完全指导政策制定者的决策。公共健康伦理能够提供明确的价值体系及分析立场，帮助指导具体的公共健康实践，同时也需要在实践中不断完善。

（罗　希　张新庆）

参考文献

[1] 韩连书．新生儿遗传病基因筛查技术及相关疾病［J］．浙江大学学报（医学版），2021，50（4）：429-435.

[2] 袁菲，沈春明．公共健康伦理的公益性原则刍议［J］．医学与哲学，2019，40（12）：39-43.

[3] 朱海林．公共健康伦理的基本论域［J］．齐鲁学刊，2018，264（3）：64-69.

[4] 张新庆，王明旭，蔡笃坚．新冠肺炎疫情防控中的“相称性原则”解析［J］．中国医学伦理学，2020，33（3）：261-267.

[5] 王春水，翟晓梅，邱仁宗．试论公共卫生伦理学的基本原则［J］．自然辩证法研究，2008，（11）：74-78.

[6] BROOKFIELD S．What isn't public health?［J］．J Public Health Policy，2023，44（2）：264-275.

[7] COUGHLIN S S．How Many Principles for Public Health Ethics?［J］．Open Public Health J，2008，1：8-16.

[8] GIUBILINI A．Vaccination ethics［J］．Br Med Bull，2021，137（1）：4-12.

[9] MALAS M，VAN DER TEMPEL J，SCHWARTZ R，et al．Electronic Cigarettes for Smoking Cessation：A Systematic Review［J］．Nicotine Tob Res，2016，18（10）：1926-1936.

新发传染病时个人健康责任的内涵及具体实践

新发传染病是指人群中首次发现的传染病，或之前存在但发病率、传播范围迅速增加的传染病。随人类活动增加、环境变化等原因，新发传染病发现率正逐年增加，成为全世界共同面临的主要公共卫生问题之一。21世纪以来，SARS、埃博拉病毒病、中东呼吸综合征、寨卡病毒病、新冠病毒感染等新发传染病在全球或特定地区暴发，威胁人民生命健康，带来了严重的人道主义危机，也促使了各个国家政府及其民众的群防群控、群策群力、共克时艰。

新冠病毒感染疫情防控给世人以启示，新发传染病防治需要政府主导，人人参与。2022年11月11日，国家疫情联防联控机制综合组印发《关于进一步优化新冠肺炎疫情防控措施，科学精准做好防控工作的通知》，提出“每个人都是自己健康的‘第一责任人’”的观点，强调个人健康责任的重要性，使我们从“被动的政策执行者”转变为“主动的健康守护者”，突出个人主观能动性的重要作用。那么，“个体要为自己健康负责”的理念到底有着怎样的价值蕴含？个人对不同的利益主体又该如何履行健康责任？本文从健康与责任谈起，阐述个人健康责任的内涵，并进一步探讨应对新发传染病时，如何承担个人健康责任。

一、基本概念阐述

（一）健康道德与责任伦理

健康是指“身体上、精神上的完满状态，以及良好的适应力”。从疾病防治角度，一方面指生理、心理正常，另一方面指能够适应疾病给个人、社会带来的种种影响。1989年世界卫生组织进一步将道德健康纳入健康概念，提出“健康包括躯体健康、心理健康、社会适应良好、道德健康”。健康道德是社会意识形态，依靠舆论、信念、习惯、传统和教育的力量来调整社会经济发展与健康环境之间关系的行为规范的总和。健康道德其受众不仅局限于医疗行为相关方，还扩展到社会大众，并且谋求“人人为健康，健康为人人”的最终结果。健康道德调整的对象更加多元，包括人与人、人与环境、人与社会、人与健康的关系，希望通过提高每个人的健康意识，形成正确的健康观念，实现人人参与疾病防治的目标。

责任通常包含两层含义，一是应尽的义务或应做的事，二是需要承担的过失。责任从诞生之初，便具有一定的社会性，随人类文明发展而诞生，并在一定程度上指导、规范社会中人的行为。责任较多使用在法律范畴，直到1919年马克思·韦伯在《学术与政治》一书中提出“责任伦理”概念，责任才正式拥有了道德属性。他将日常行为伦理分为信念伦理和责任伦理两类，前者强调按照信念行事，不计后果；后者突出对事情的结果负责，更具社会实践性。责任伦理并非简单从结果论角度考量行为的合理性，而是强调在行为实施之前考虑到该行为可能产生的不良后果，防止这一“坏事件”的发生。因此，衡量一个行为主体是否符合责任伦理的关键在于是否事先考虑了行为的后果，并且负责任地、恰如其分地规范其实践活动，或勇于为其行为的后果承担责任。

（二）个人健康责任的概念与发展

人具有自由意志，可根据自己的经验、偏好、价值观、目标等做出选择，同时也应为自己的行为负责。若选择了某些冒险行为，自然也应承担相应的后果。人具有社会属性，这决定了在社会生活中需要承担的责任，其中包括健康维度的责任。综合上述健康和责任的定义及前人对健康责任的定义，本文将个人健康责任定义为个人选择健康的生活方式，合理规避健康危险因素，并将健康理念付诸行动，对行为所产生的后果负有责任。

西方个人健康责任的思想可以追溯到古希腊时代。在古希腊医学发展过程中，四体液学说受到推崇，其中强调“血、黏液、黄胆汁、黑胆汁”四种体液维持正常平衡时，身体处于健康状态。而个人对自身身体的控制是先天存在的，故其需要为这种平衡负责，即为自己的健康负责。在中医和儒家思想中，也有与之不谋而合的内容。中医理论提出阴阳五行的概念，指出阴阳平衡是身体健康的基础，并强调人应顺应自然界的四季变化，达到天人相通，避免外界变化给自身健康带来的影响。儒家思想中的“仁”“礼”的德行可以通过学习与实践培养德行，以达到改善个人健康的目的。中西方并未形成健康责任的理论体系，但都强调个人对自身健康的重要性和必要性，这也构成了个人健康责任的理论基础。

近些年来，随着人们对健康的认识增加，个人健康责任的重要性愈发为各国所认可。例如，20世纪80年代兴起了一种“健康主义”的社会文化思潮，其含义由美国伊利诺伊大学克劳福德教授提出，健康是公民追求的超级价值，个人可以改变生活方式获得健康，并对自己的健康负有责任。各种政策性文件也能反映社会对个人健康责任的认可，如2009年《内罗毕宣言》中强调“通过健康教育改善人们获得保健信息的机会及其有效利用信息的能力和知识，影响个人生活方式”；日本在《健康促进法》中规定，“国民要在一生中自觉了解自己的健康状态，并努力增进健康”。同时，WHO也呼吁世界各国出台相应政策鼓励社会大众参与健康干预。放眼国内，我国对个人健康责任的关注度也在逐步攀升，从2014年《全民健康素养促进行动规划（2014—2020）》，到2016年《上海宣言》重申“增强人们进一步掌控其健康的能力，确保包容性和发言权”，再到2019年《健康中国行动计划》中的“每个人都是自己健康‘第一责任人’”理念的提出，国家卫生健康的重点慢慢从治已病转向治未病。这也就对社会大众提出更高的要求，即履行个人健康责任。

新发传染病背景下，个人健康责任的内容有些许改变。以WHO为代表的机构和许多国家提出了许多健康促进行为，如戒烟限酒、少油少盐、多运动，我们需要以此为依据，合理调整日常行为。此外，也应注意新发传染病防治对我们提出了更高的健康责任要求，其中可能包含之前未曾提及的内容，如保持安全距离，也可能有防护重心的改变，如勤洗手、勤手消。个人健康责任至少包括个人对自我、家庭、社会的健康责任，并在下文逐一探讨。

二、新发传染病时个人健康责任的实践

（一）个人于自我的健康责任

个体健康是个人不可推卸的责任。每个人都是个人健康的受益者、疾病的承受者，也可能是新发传染病的受害者和传播者。作为一个自然人，我们需要意识到从出生起我们便享有生命健康权，因而我们能够享受基础医疗保障和卫生服务。在享受权利的同时，个体也负有维护自身健康、规避健康风险因素的义务。新发传染病背景下的个人健康责任建立在普遍意义的个人健康责任之上，可分为健康认识、健康行为及行为负责三个维度。

认识是行为的基础，社会公众只有不断提升自身对新发传染病的认知，才能真正承担相应的个人健康责任。新发传染病传播初期，大众只能通过网络媒体了解疾病的传播力、致病力及如何防控等，需要自行甄别信息真伪，不因恐慌而自乱阵脚。为更好地践行“每个人都是自己健康的‘第一责任人’”理念，人们不仅要主动学习传染病防控知识和技能，还要自觉参与到群防群控之中，做到对新发传染病的主动预防。

在认识的基础之上，需要对生活方式进行一定干预，以提高免疫力达到预防疾病

的目的。大部分疾病本质是病原体和人体免疫力博弈的结果，免疫力差的人容易得病，并且不易恢复，这也是为什么哪怕一个小感冒就可能夺去艾滋病患者的生命。远离风险是另一个重点，新发传染病暴发及常态化管理期间，要减少出行或减少公共交通方式出行，从源头减少与病原体接触；出门时正确佩戴医用口罩，不前往密集场所，从外返家后进行手消等处理，切断病毒的传播途径，管理风险，更好地保护家庭成员的健康。

为个人健康行为负责维度通常会有强制性手段。新发传染病传播伊始，国家或地区会积极响应，制定相应防控规定、法律条文等，强制公民为自己不利于疫情防控、损害他人健康的行为负责。新冠疫情期间，一些个人或单位因未遵守疫情防控要求，未及时上报、瞒报、出门不戴口罩、不配合检查及参加聚集性活动等，造成严重后果，受到立案调查，这便是强制公民为健康行为负责的例证。

传染病的流行会改变健康防护重心。新冠疫情之前，勤洗手、常通风等健康生活方式也曾多次提及，但落实情况不尽如人意。在疫情影响下，手消俨然成为日常生活中的必需事项，七步洗手法也已通过各种网络媒体广泛传播，诸如此类改变不胜枚举。简言之，在日常生活中，社会大众需要按照疫情防控要求，出行佩戴口罩、勤洗手等，做好健康防护，将疫情防控落实到个人实践之中，成为个人健康的“主动守护者”。

（二）个人于家庭的健康责任

每个人都是各自家庭中的一分子，享受家庭带来的呵护与支持，相应地，个人对家庭负有一定的健康责任。在儒家思想中，个人不是孤立的个体，而是家庭、社会中的个体，因此，个人应对家庭成员的健康负相应责任。在应对慢性病防控讨论中，有学者强调“家庭健康掌门人”的重要性，指出“家庭健康掌门人”是“家庭健康的‘明白人’，肩负全家的健康责任”，需要承担起维护和促进家庭成员身体健康的责任。尽管并非每个家庭成员都有能力承担“家庭健康掌门人”的角色，但每个人都可以促进家庭成员健康。

个人对家庭的健康责任建立在个人健康的基础之上，家庭健康反过来又促进个人健康。新发传染病背景下，个人与家庭之间的健康纽带尤为明显，若家庭成员中出现感染患者，且没有注重隔离，家庭其他成员有较高风险受到感染，因此，对新发传染病进行防控是家庭健康的必需。中国老龄化问题日益严峻，“家庭健康掌门人”的重要性愈发突显。例如，在新冠疫情中，高龄老年人由于免疫力低下，感染后不易恢复，甚至出现“白肺”等严重后果，威胁生命健康安全。缺乏“家庭健康掌门人”是其原因之一，外出的家人归来可能携带病毒，而“健康掌门人”未对其进行隔离，同时未及时提醒老年人出行佩戴口罩等，导致老年人染病。青年一代或有能力甄别网上信息的个人，可以主动纠正家庭成员防疫行为中的错误，如不合理佩戴口罩；规劝不恰当的行为，如在疫情严峻时前往人员密集地区等。

除做好必要的预防举措外，家庭成员之间还需要进行心理、精神层面的相互支持。疾病传播期间，尤其是被隔离管控人员，很容易出现抑郁、焦虑等精神症状。一项针对新冠疫情发生前后中国大学生焦虑症状及相关因素Meta分析显示，相比于疫情之前，疫情期间焦虑症检出率显著升高，而高社会支持是焦虑症状的保护因素。以家庭纽带为基础的社会支持是保障家庭成员健康的核心力量，在疫情期间可以为家庭成员的心理健康护航。

需要强调的是，个人对家庭的健康责任是一种最合乎人伦道德的义务。如果说个人对自我的健康责任可能会出于“利己”的考量，那么个人对家庭的健康责任多了一份道德的约束，这种约束也是根植于我们内心的中华传统的影响。

（三）个人于社会的健康责任

个人对社会的健康责任是对个人更高的道德要求，甚至是法律规范。我们应意识到，个人健康责任并非独立于其他健康责任存在，而是相互补充、相辅相成。社会的基本单位是家庭，家庭的基本单位是个人，因此，社会整体健康是无数个人健康之和。个人既是公共健康的影响因素，又是公共健康的受益者，人在社会活动，需要对公共健康负责。为了更好地推行承担个人健康责任的理念，国外曾讨论是否应将个人对健康的不负责行为纳入医保报销的考量。若其他条件一致，对健康有不负责行为的个人，在接受治疗时理应比对健康负责的人享有较低的优先级。如果基于机会平等和健康公平，原则上可以合理期望每个人都选择对自己更健康的行为，也即承担个人健康责任。尽管我国尚未进行如此深度的考虑，但这一定程度上反映了个人健康责任对社会的必要性。

新发传染病背景下个人承担对社会的健康责任大致可分为两个方面：尊重他人健康权和增进他人健康。尊重他人健康权主要是针对确诊或疑似患者，要主动报告并自觉居家隔离或自愿选择集中隔离、治疗，而非瞒而不报，在社会上任意流动，增加他人感染的风险。增进他人健康要做的是配合社会传染病防治工作，如出行佩戴口罩、勤洗手、勤手消、积极接种疫苗等，通过提高社会整体健康水平增进他人健康。

个人对社会健康负责有时会损害个人权益，这是公共善与个人权利的冲突，如强制隔离与个人自由的冲突、强制接种疫苗与个人健康的冲突、强制检测与个人自主的冲突、公开健康信息与保护个人隐私的冲突等。我们希望平衡二者利益，遵循公共卫生的效用、公正、尊重、互助四原则，在尽量减小损害个人利益的前提下，维护社会整体利益。其中互助原则强调社会成员在公共卫生工作中的主动性及应承担的社会义务，促进公共健康是所有社会成员的共同责任。以出门佩戴口罩为例，每个人都可以自主选择是否佩戴口罩，但对于那些极力主张不戴口罩的人，强制要求他们为了他人健康佩戴口罩本身违背了自主性，哪怕有出于对当事人健康的考量。多数时候，可以通过对“善”的推崇，在人与人之间形成道德规范，形成“人人为健康，健康为人人”的良好社会风尚，必要时也会利用国家或政府力量形成强制手段，以保障大多数人的健康利益。

（四）落实个人健康责任担当的影响因素及对策

尽管“每个人都是自己健康的‘第一责任人’”的理念被反复提及，但理论与实践之间仍有鸿沟。个人健康责任是一种有限而非绝对的责任，个人健康责任担当程度及效果会受到内因和外因的影响。

影响个人健康责任担当的内因突出表现为个人主观能动性。在疾病预防层面，科普工作已做出诸多努力，便捷的互联网让更多人了解到日常生活中如何去做及如何避免健康风险因素。然而，真正落实到个人实践中却大打折扣，一方面健康维护是一个长久的过程，并且疾病的发生需要时间的积累，人们可能因此半途而废和懈怠；另一方面大部分人缺乏相关技能或应有的健康素质，而无法维系自身的健康水平，也导致个人对健康行为的不重视。此外，对于不具备行为能力的个人，如儿童、因疾病而丧失行为能力的成人、昏迷的患者等，同样无法承担起个人健康责任，更多需要家庭和社会的健康支持和帮助。

影响个人健康责任担当的外因包括个人教育、经济、职业、政策、社会环境等多个方面，受影响程度因人而异。政府政策和社会舆论导向很大程度影响人们日常健康行为。值得一提的是，环境因素带来的影响与政策、社会背景的联系十分紧密，对个人健康责任担当的影响不容忽视。

因此，为了更好地推进个人健康责任的实践，除基本知识科普外，也需要政策的制定与推行。需要通过道德说教改善人的健康行为，同时也需要诉诸国家、政府权威，以强制的惩罚和威慑约束人的行为。

三、结语

个人健康是一种集体利益，不能脱离其所生活的社会环境，这就对个人健康责任的范围进行合理外延，使其并不局限于个人层面，而是将他人健康、社会健康纳入个人健康责任。新发传染病背景下，个人健康责任有了新的内涵与实践。对个人而言，需要落实“每个人都是自己健康的‘第一责任人’”理念，形成人人为自我健康负责的社会风气；对家庭而言，个人健康是家庭健康的基础，家庭健康反过来促进每位家庭成员健康，因此，需要彼此互帮互助、互相鼓励与监督；对社会而言，每个人需要为维护他人健康负责，不做损害他人健康利益者。

社会大众践行个人健康责任具有十分重要的意义。如果我们选择健康的生活方式（如积极锻炼，保持健康的体重，不吸烟，不前往传染病暴发地区），可在一定程度上降低患病风险。在治疗过程前后，如果能够很好听从医生建议、严格遵医嘱、及时复查等，对疾病的康复大有裨益。对医疗系统和财政而言，社会大众对个人健康责任重视可以在一定程度降低财政支出，实现用更少的人力、物力、财力获得更大收益的目的。

个人健康责任并非绝对责任，而是一种有限的责任，其具体实践和所产生的效果受个人、社会和环境因素影响。个人往往对社会责任抱有较高的期望，但事实上自己才是履行个人健康责任的最大受益者。因此，个人健康责任需要放到较高地位。同时也应意识到，个人健康责任不仅仅包含自我层面，同时也包含了对他人健康的维护，即个人享有的健康权应与维护他人健康的公共义务并驾齐驱。

（张乾坤　林良权）

参考文献

[1] 李恩昌．健康道德责任论［J］．中国医学伦理学，2008（3）：8-11

[2] 李钰婷．个体公共健康伦理责任探析［D］．天津医科大学，2011.

[3] 张好，陈燕．健康中国视域下生态健康与人民健康责任伦理研究［J］．中国医学伦理学，2022，35（11）：1250-1255.

[4] 李红文．论健康责任［J］．中国医学伦理学，2015，28（5）：748-751.

[5] 李宇阳，郁希阳．个人健康责任的内涵、理论基础、影响因素与政策应用研究：基于近40年国内外相关文献的综述［J］．宁夏社会科学，2019（6）：117-124.

[6] 刘俊香，张旭平．儒家视野下的个人健康责任［J］．伦理学研究，2015（2）：101-103.

[7] 李力，梁立智．家庭健康掌门人的责任探究［J］．中国医学伦理学，2021，34（10）：1329-1333.

[8] PRESCOTT S, SCHMINKEY D, ABUKHALAF D, et al. A framework to guide research and practice response to emerging infectious diseases: Genomic-to-global considerations [J]. Public health nursing, 2023, 40 (1), 144-152.

[9] JONES KE, PATEL NG, LEVY MA, et al. Global trends in emerging infectious diseases [J]. Nature, 2008, 451 (7181), 990-993.

[10] STEINBROOK R. Imposing personal responsibility for health [J]. The New England journal of medicine, 2006, 355 (8), 753-756.

Daniels的公平基准视角下分级诊疗的伦理蕴含探究

健康是一个人生存和发展的基本条件，而健康权是一项基本人权，是人类有尊严生活的基本保证。各国通过建立适合国情的医疗卫生体制，来保障国民的健康权，促进基本医疗卫生服务的公平可及性。以《国务院办公厅关于推进分级诊疗制度建设的指导意见》（2015）的发布为标志，我国开始系统实施分级诊疗，以改变基层医疗资源配置不均衡、不公平问题。这项惠及千家万户的民生政策实施效果评价有待时日，但结合当前分级诊疗实施现状、存在的问题，开展前瞻性的伦理评价是必要的和可行的。评价的重点是看分级诊疗制度设计理念与其促进基本医疗卫生服务公平可及的目标是否一致，从而更好地指导、评判分级诊疗实践。基于此，本文将以哈佛大学公共卫生学院Norman Daniels教授所提出的评价医疗改革公平性的9个公平基准（Benchmark of Fairness）作为逻辑起点，在辨析其基本含义和适用范围基础上，考察我国分级诊疗制度设计中的公平性内涵。

一、健康公平基准

（一）Daniels的健康公平观点概述

对健康公平的认识可分为实质公平和形式公平。实质公平突出表现在医疗卫生资源或健康相关社会资源的公平分配。形式公平可分为水平公平和垂直公平，前者是指有相同医疗需求的人获得相同的医疗服务，后者是指有不同医疗需求的人在相应需求上获得同等医疗服务。Daniels通过解答“健康是否具有特殊的道德意义？”“何种情况下的健康不平等是健康不公正？”“在资源受限的情况下如何公平地满足健康需求？”等三个核心问题，构建了其健康公平理论的核心内容。

在Daniels看来，健康特殊的道德蕴意是健康意味着一个人没有躯体或心理疾病，具备正常的功能，由此在一定程度上决定了向个人开放的机会范围，在健康的基础上每一个人才可能拥有公平竞争社会资源的机会。关于健康平等和健康公平的关系，Daniels主张，如果健康的不平等是源于影响人群健康的社会可控因素的不合理分配，那么这种健康不平等就是不公正的。他的这种健康公平观虽说中规中矩，但也反映了主流学者的看法且符合人们的道德经验。例如，偏远地区的贫困儿童营养不良率远高于城市儿童的水平，这本可通过改善当地的生活水平而得到控制，但假如地方政府和医疗机构不作为，那么在此基础上的城乡儿童健康不平等就意味着健康不公正。Daniels认为，在医疗资源稀缺的情况下，要想公平地满足健康需求应诉诸程序公正，确定资源分配的优先次序。不过，由于不同利益相关者的价值观差异，社会很难在确定优先次序问题上达成共识。因此，他将做出优先次序决定的问题转变为怎样做出决定的程序公正问题。

（二）Daniels健康公平基准的形成过程

1996年，依据健康公平理论，Daniels与Donald W Light和Ronald L Caplan提出了评价美国医疗体制改革的10个公平基准，具体包括普遍可及（覆盖面和参与度）、普遍可及（最小化非财政障碍）、广含性和效益统一、公平筹资（基于社区评级定价）、公平筹资（基于支付能力）、性价比（临床效率）、经费实现的价值（卫生体系效率）、公共责任、与其他开支的可比性、服务对象的选择度等。此后，结合墨西哥、泰国、巴基斯坦、哥伦比亚四国的个案研究成果，Daniels将上述公平基准转变成九个公平基准，以便成为适用于发展中国家的通用框架：B1跨部门的公共卫生合作，B2卫生服务公平可及的财政障碍，B3卫生服务可及性的非财政障碍；B4受益的广含性和分层，B5公平筹资，B6效能、效率和改进质量，B7行政效率，B8民主问责和赋权，B9医患双方自主权。由此，Daniels对自身提出的九个公平基准归纳为下列三类：B1～B5关注公平，B6、B7针对效率，B8、B9对应问责机制。

最初的十个公平基准聚焦于美国缺乏全面覆盖、低效、不公平的卫生系统改革，而修订后的九个公平基准针对发展中国家的卫生体系特性，扩展了对卫生体系改革的关注点，增加了健康的其他社会决定因素、医疗服务提供方的自主性等方面内容，并将公平基准内涵整合为公平、效率和问责三个方面。基于证据评估改革对公平的影响，Daniels希望以健康公平基准为抓手，健康公平理论的核心思想转化为一种基于证据的监测和评估卫生体系改革公平性的工具，即通过选取恰当的指标来测量相应标准满意度的变化，把伦理框架中公平基准所对应的标准进行量化。相对于世界卫生组织对各国卫生系统绩效的考核指数，公平基准评估方法更加简单，不用做加权计算，揭示医疗改革对健康公平性及相关影响因素的复杂模式。

二、健康公平基准之间的关联性分析

（一）健康公平基准内涵的拓展

在Daniels看来，卫生体系领域的公平是一个多方面的概念，具体包括接触风险因素、获得各种形式的护理和融资的公平、管理和资源分配等的效率、问责等。Daniels认为，任何公平的医疗卫生制度都必须让每一个人都有满足其基本健康需求的平等机会，人人都能平等地获得最低限度的维持功能正常的医疗保健，而不应无限扩大健康权的范围。Daniels还认为，效率与公平并不必然对立，提高效率意味着将满足更大医疗需求，更好地实现健康公平。当资源受到限制时，一个高效的医疗卫生体系意味着更大人群的健康需求得到有效、及时的满足。在决定资源分配的优先次序和限制医疗资源使用方面，Daniels诉诸程序公正来建立合理的问责机制，以实现效率和公平之间的动态平衡。为了让社会公众体面地享有基本的医疗卫生服务，公平基准应包括对相关决策和管理部门的问责机制。这是对政府参与健康治理公正性的内在要求，也是实现公正或效率的前提。

作为检验健康公平理论的实践工具，健康公平基准是以评价一个国家医疗卫生体制改革中的公平、效率，以及相应的问责机制为既定目标的。Daniels在其《健康公平》一书中对这九个公平性基准做了新的阐述，但并没有对基准之间的关系作必要的解释。有关这些基准关系的内容散落在这本书的前半部分和其他论文中，为此本文做了梳理和归纳，详见表2-2。

表2-2　九个公平基准的具体评价标准

公平基准	评价标准	目标
B1跨部门的公共卫生合作	①控制人群接触风险因素（营养、住房、环境因素、健康教育等） ②发展监测健康状况的信息基础设施 ③多部门努力改善健康的社会决定因素的程度，以及弱势群体参与程度	
B2卫生服务公平可及的财政障碍	①扩大正规就业人群保险计划的覆盖 ②为非正规就业人群提供基本医疗卫生服务	
B3卫生服务可及性的非财政障碍	①降低不合理的医疗资源分配状况 ②减少性别阻碍（在家庭决策中的地位、流动性等） ③减少文化阻碍（语言、与疾病和健康相关的态度和实践等） ④减少歧视（种族、疾病等）	公平
B4受益的广含性和分层	①无差别对待患者，使患者负担得起，有效满足医疗需求 ②减少医疗服务分层，促进质量均等，为非正规就业人群提供基本医疗服务	
B5公平筹资	①根据支付能力 ②若基于税收计划筹资，收入越高税率应越高 ③若以保险费为基础的计划，应基于社区评级付费 ④将税收、保险费和自付等资金来源结合起来筹资	

续 表

公平基准	评价标准	目标
B6效能、效率和改进质量	①强调基于社区的初级卫生保健 ②实施循证实践 ③提供改善系统服务质量的措施	效率
B7行政效率	①尽量减少行政管理费用 ②降低采购成本 ③尽量减少成本转移 ④尽量减少滥用和欺诈及不适当的奖励	
B8民主问责和赋权	①以明确、公开、详细程序评估服务并公开 ②设定明确的资源分配审议程序，增加透明度、促使利益相关者达成一致 ③公平申诉程序 ④隐私保护 ⑤强制执行规则和法律措施 ⑥加强社会团体的力量（创造有利环境，激发公众辩论）	问责
B9医患双方自主权	①患者的知情选择（初级保健提供者、专科护理提供者、其他护理提供者、医疗程序） ②医疗服务提供方的自主权	

（二）健康公平基准之间的融合与冲突

Daniels的公平性基准评估医改的侧重点不同，又相互呼应，涵盖了医改公平性评估的各个方面，共同评价医改的总体公平性。基准B1 ～ B5评估医疗改革中公平目标的实现，关注不同人群健康公平机会的获得，回答了卫生体系应如何提供服务的内容和质量、如何筹资以分担风险、如何分配医疗资源等。同时，这个公平基准评价框架还将多部门合作的公共卫生工作和影响健康的社会文化因素纳入其中，全面评估不同人群是否获得公平的健康机会。基准B6、B7评估医疗改革中临床实践和行政效率，关注如何以有限的资源满足更多人的需求，补充回答了卫生体系提供服务问题。基准B8、B9明确了评估医改中的问责机制，关注改革中的程序公正及医患双方自主权的实现，回答了政府在医改中应扮演的角色与责任。总体看，Daniels在其健康公平理论基础上，把九个健康公平基准贯穿于医疗改革公平性的评估之中。

当然，这些公平性基准之间也难免存在冲突。在一些基于市场的方法中，如果要提高医疗质量并满足患者群体的医疗需求和选择偏好，就要尊重患者的知情权和自主选择权，这体现了医学伦理的尊重原则。同时，Daniels强调医疗服务提供者也有专业自主权，但医患双方的自主性不在同一纬度上，时常会出现冲突情形。此外，因为医疗服务提供者和医疗服务机构在利用其所能提供的服务方面，受到不同类型激励措施的影响，卫生政策制定者往往将医务人员专业自主权视为有效利用服务的障碍。公平性基准间冲突的一个最明显的例子：基准B6对患者自主权的限制与基准B9追求患者自主选择权的冲突。鉴于初级卫生保健的高效，基准B6要求患者进行社区首诊，并有严格的转诊系统限制患者的任意转诊，然而基准B9要求为患者提供可选择的医疗服务。

三、我国分级诊疗制度的公平性解析

（一）拓展健康公平基准适用范围的设想

Daniels的健康公平基准分析框架适用范围较广，可以对医改措施与改革目标之间的契合程度进行前瞻性或回顾性评估，有助于使卫生政策更加公平、有效和民主。尽管各国存在巨大的历史、政治和文化等方面差异，这个公平基准分析框架在墨西哥、喀麦隆、厄瓜多尔、泰国和危地马拉等国进行了本地化，用以评价其改革公平性。李瑞全运用公平基准评价了中国台湾的医疗健保制度，峗怡等对中国大陆卫生资源配置、医师多点执业制度的公平性进行了评价。

那么，Daniels的健康公平基准分析框架能否对我国分级诊疗制度的公平性做前瞻性评估呢？我国分级诊疗制度制定的目标可概括为优质资源下沉基层、不同等级医疗机构间有效分工协作、患者有序就医，并聚焦在基层服务能力建设、体制机制保障和信息化建设三个方面，其中基层服务能力建设、医联体构建、家庭医生签约、信息化建设是分级诊疗制度建设的核心内容。挖掘分级诊疗制度相应的伦理蕴含，以评价分级诊疗制度的措施与目标之间的契合程度。

显然，Daniels的这九个公平基准不全部适用于评估分级诊疗制度，因为有一些基准并非直接评价医疗资源的合理配置和基本医疗卫生服务均等化。为此，我们对Daniels的九个公平基准进行了逐一排查。公平基准中B2为测评医疗保险的覆盖问题，B4为测评医保的支付与医疗服务质量的分层，B5为测评医疗保险的筹资问题，B7为测评行政效率，在分级诊疗制度的实现中需要医保制度的配套改革，以及涉及药品采购、使用等方面行政效率的提高，但分级诊疗制度本身不以其为重点，故在对分级诊疗制度的评价中删去B2、B5、B7基准及B4中医保支付的相关内容。结合我国分级诊疗的实际情况，公平基准的通用框架被转化为如下简要的伦理框架，以此评价我国分级诊疗制度的公平性（表2-3）。

表2-3　我国分级诊疗制度的公平性评价基准

公平基准	评价标准
B1跨部门的公共卫生合作	①慢性病风险控制 ②医疗卫生信息化建设 ③各部门分工职责的实施情况及重点人群参与制订家庭医生签约服务内容的程度
B2卫生服务可及性的非财政障碍	①城乡、区域间医疗资源分配状况 ②患者就诊习惯
B3分层	基本医疗卫生服务质量的分层
B4效能、效率和改进质量	①家庭医生签约服务 ②建立区域性医疗卫生信息平台 ③医联体建设 ④提升基层医疗服务质量
B5民主问责和赋权	①医疗卫生质量评估 ②对分级诊疗制度的宣传与引导 ③社会团体在政策制定中的作用 ④群众的隐私保护 ⑤分级诊疗制度的评价考核
B6医患双方自主权	①患者的知情选择 ②医疗服务机构的自主权

（二）评估跨部门合作对公共卫生的公平性影响

公平基准B1侧重于评估不同部门间的合作如何影响社会决定因素在人群健康中的分布状况。慢性病的发生和流行与个体行为、环境、经济状况、社会文化等因素密切相关，这就需要多部门合作来控制这些社会因素在人群中的分布。慢性病因其发病率高、病程长等特点，给群众带来日益沉重的经济负担。慢性病患者因具有病情相对稳定、适用于长处方等疾病特点而易于前往基层就诊，具有分流大医院患者的可操作性。评价人群中慢性病风险的控制程度可以反映分级诊疗制度下多部门合作的成效。

改善社会决定因素对人群健康的影响，需要证据支持，它在分级诊疗制度中体现为医疗卫生信息化建设，通过记录和监测每个人的生命健康数据，为观察和改变人群中社会决定因素的不公平分布状况提供数据基础。分级诊疗制度下的医疗卫生信息化建设有助于实现健康公平。对各部门分工职责实施情况的评估，可获得各部门参与分级诊疗的状况和存在的困难，便于社会公众对政府进行监督。

（三）评估医疗质量分层、资源分配和居民就医习惯等方面的公平性

公平基准B2是评估分级诊疗制度对医疗资源分配状况、居民就医习惯等非财政方面的影响。目前，基本医疗卫生服务质量存在分层、参差不齐的问题。在无序就医格局下，慢性病患者会抢占急需在大医院接受治疗患者的就诊机会；而在有序就医格局下，居民自主前往基层医疗机构就医。增强基层医疗服务能力，以使人们得到同质的基本医疗卫生服务，促进公平可及性。以家庭医生签约服务为例，合格的全科医生数量严重不足，无法支撑家庭医生签约服务的持续推进，即使以公共卫生服务为主，也难以实现对签约居民的健康管理。

从分级诊疗制度设计上看，分级诊疗可使优质医疗资源有效下沉，促进医疗服务的公平可及性。医联体的纵向整合能力可充分实现医疗资源的共享与下沉。双向转诊的指导思想是根据患者的病情轻重，选择合适的医疗服务机构，患者可避免因经济能力、社会地位等差异因素导致的基本医疗公平性缺失，这符合Daniels的思想。双向转诊过程中，患者无须到大医院诊治，遏制大医院普通门诊的扩张。医疗卫生信息化建设可提高不发达地区的优质医疗资源可及性。同样，鼓励医生自由流动和多点执医同样有利于优质医疗资源的流动和再分配。随着分级诊疗制度的推进，家庭医生签约服务逐步落实，对签约居民的健康管理率逐步上升。相应地，改变患者前往大医院进行首诊的就医习惯，推进社区首诊，可改变我国医疗资源配置不均衡的状况。

（四）效率与问责

公平基准B4评估分级诊疗制度中家庭医生签约服务、信息化建设、医联体建设等措施，关乎卫生体系的效率。医疗资源纵向流动、提升基层服务质量，可提高基层对优质医疗资源的可及性，减少城乡居民间健康不平等，促进健康公平。信息化建设可实现上下转诊，提供信息通道，有助于服务效率的提升，而通过连续性医疗信息记录，可为患者提供基于证据的最佳治疗方案；合格的全科医生与居民建立长期稳定的关系，吸引居民基层首诊，分流大医院的慢性病患者。医联体内部医疗机构明确各自分工与合作，引导患者合理就医，如专家下基层、对口援助等方式吸引患者来基层首诊。同时，医联体内部提供的上下转诊服务有利于吸引居民与家庭医生自主签约。

公平基准B5、B6评估分级诊疗制度中群众的参与、监督及医患双方的自主权。分级诊疗制度对要完成的考核指标有具体的时间要求，内含相应时间点的问责机制，问责机制需要公众充分参与。家庭医生签约服务在推行之初，医疗卫生机构为完成考核

指标曾盲目追求签约率，签约过程不透明、居民被签约现象普遍。当政府公布家庭医生签约服务政策执行结果招致群众的怀疑与不满时，政府应及时调整政策。信息透明是问责机制的前提，确定政策目标的实现程度，为群众参与政策评价提供信息。反之，如果医疗机构采集不全面、信息不公开，那么政府将缺失实施问责的依据，群众更将无从知晓政策的执行结果，将无法参与到卫生政策的讨论，也无法行使对政府的监督权。

若要实现社会的广泛参与，提高医疗质量并满足患者选择偏好，就要知情选择，尊重患者和医疗服务机构的自主权。患者就医的自主权与医疗服务效率间存在冲突。患者无序就医导致大医院医疗资源供不应求，基层医疗资源闲置，将延误部分患者的病情，最终导致整个医疗卫生体系服务效率低下。目前我国分级诊疗以强基层为重点，引导患者选择基层首诊，提升医疗卫生体系的运转效率。

四、结语

Daniels的公平基准提供了一种评价卫生体系改革公平性的工具，也是一个评估医疗改革与运筹学相结合的伦理框架。本文利用其伦理框架分析了我国分级诊疗制度设计中的公平性。为了更好地对我国分级诊疗进行公平性评价，仍需不同学科的学者共同合作，制定可测量的公平基准标准，开展基于证据的健康人文研究。

（李闪闪　张新庆）

参考文献

[1] 李红文，毛新志．论健康公平［J］．伦理学研究，2015（2）：90-94.
[2] 张艳梅．论丹尼尔斯医疗保健公正理论［J］．医学与哲学（人文社会医学版），2007（4）：21-22.
[3] 李瑞全．台湾医疗健保制度之公平性：一个初步分析［J］．医学与哲学（人文社会医学版），2007（12）：28-31.
[4] 峗怡．我国公共卫生资源配置的公平性评价研究：基于公平基准方法的实证分析［J］．中国卫生经济，2014，33（1）：32-34.
[5] American Psychological Association．Ethical principals of psychologists and code of conduct［J］．American Psychologist，1992，(47)：1 597-1611.
[6] CAPLAN R L，LIGHT D W，DANIELS N．Benchmarks of fairness：a moral framework for assessing equity［J］．Int J Health Serv，1999，29（4）：853-869.
[7] DANIELS N．Just health：meeting health needs fairly［M］．New York：Cambridge University Press，2008.
[8] DANIELS N，BRYANT J，CASTANO R A，et al．Benchmarks of fairness for health care reform：a policy tool for developing countries［J］．Bull World Health Organ，2000，78（6）：740-750.

[9] GOMEZ-DANTES O, GOMEZ-JAUREGUI J, INCLAN C. Equity and fairness in the Mexican health system reform [J]. Salud Publica Mex, 2004, 46 (5): 399-416.

[10] DANIELS N, FLORES W, PANNARUNOTHAI S, et al. An evidence-based approach to benchmarking the fairness of health-sector reform in developing countries [J]. Bull World Health Organ, 2005, 83 (7): 534-540.

人类卫生健康共同体的伦理蕴含

突如其来的新冠疫情全球大流行，凸显了全球卫生治理存在的诸多短板和不足，构建全球卫生治理体系迫在眉睫。国家主席习近平在全球抗击新冠疫情过程中提出的人类卫生健康共同体倡议，有其内在的理论、历史、实践生成逻辑，对于促进全球团结抗疫、保障人民生命健康安全、推进全球公共卫生治理具有重要的理论和实践意义，为维护人类公共卫生健康贡献了中国智慧、中国力量和中国方案。

一、人类卫生健康共同体理念的理论渊源

人类卫生健康共同体理念继承了马克思共同体理论的内在逻辑，具有深厚的马克思主义理论意蕴和鲜明的中国特色，是人类命运共同体在卫生健康领域的生动表达，也是在全球抗疫过程的具体化理论与实践。人类卫生健康共同体是理论逻辑、实践逻辑和价值逻辑的统一，为有效应对重大公共卫生突发事件挑战提供了中国方案。

（一）人类卫生健康共同体理念是马克思共同体思想的继承与发展

共同体是在各自利益的基础上，为了共同利益目标而统一行动的集合体，涉及生存、经济、政治、文化、心理等利益，主体涵盖个人、组织、政府、国家乃至整个人类等各种不同行为体。马克思指出，人是“类存在物”，随着生产力的发展，必然从“自然形成的社会共同体”向“虚幻共同体”演进，最后被“真正共同体”所取代，从而使每个人在联合共同体中真正获得自由发展。只有“自由人的联合体”才是“真正的共同体”，只有在共同体中，个人才能获得全面发展其才能的手段，即只有在共同体中才可能有个人自由。人类社会是一个整体，马克思的共同体思想科学回答了人类群体应采取何种组织形式的问题，是人类命运共同体和人类卫生健康共同体的理论根基。

一个真正的、紧密联系的共同体不仅要反映所有成员短期的、单纯的经济利益，还要维护好各个成员间更深层次的、更为长远的核心价值诉求。当前，人类面临的共同风险挑战越来越突出，人类已经成为安危与共、守望相助的命运共同体。我国着力构建的人类卫生健康共同体，是安全共同体、利益共同体、责任共同体的统一，是实现真正的共同体的基本价值诉求，既反映共同体中各成员具体的利益，特别是经济利

益诉求；又深刻反映人类对于生命安全这种全人类普遍的、长远的、核心的价值诉求。这一理念体现了马克思主义真正共同体在卫生健康领域方向的发展与延伸，秉承了休戚与共的整体意识，内蕴人的自由全面发展的价值理念，是马克思主义共同体思想在新时代的继承。

（二）人类卫生健康共同体理念是人类命运共同体内涵的丰富与完善

人类卫生健康共同体理念与人类命运共同体理念紧密联系、相辅相成。人类命运共同体是一种全球价值观，包含相互依存的国际权利观、共同利益观、可持续发展观和全球治理观，旨在追求本国利益时兼顾他国合理关切，在谋求本国发展中促进各国共同发展。2013年3月，国家主席习近平在莫斯科国际关系学院发表演讲时，首次提出人类命运共同体理念：这个世界，各国相互联系、相互依存的程度空前加深，人类生活在同一个地球村里，生活在历史和现实交汇的同一个时空里，越来越成为你中有我、我中有你的命运共同体。人民的生命安全和身体健康作为人类社会发展的根基，人人享有健康则是构建人类命运共同体的重要内容。人类卫生健康共同体的倡议是对全世界各国人民平等的生命健康权等基本人权的尊重和体现，目的是共同维护各国民众的健康福祉。生命健康权无国界、无种族、无关社会发展水平，尊重全世界各国人民平等的生命健康权，正是人类命运共同体理念的应有之义。

人类卫生健康共同体是人类命运共同体在卫生健康领域公共卫生向度的具体体现。构建人类命运共同体旨在建设一个持久和平、普遍安全、共同繁荣、开放包容、清洁美丽的世界，其中“普遍安全”就包含应对全球公共卫生危机。在全球突发公共卫生事件不断增多的新形势下，凝聚全球之力打造人类卫生健康共同体，共同抵御重大传染性疾病等风险挑战，维护世界普遍安全，是构建人类命运共同体的紧迫任务。2020年3月，在新冠疫情暴发初期，国家主席习近平在就新冠疫情致法国总统马克龙的慰问电中首次提出了关于打造人类卫生健康共同体的倡议，随后在多次重要场合和讲话中表达了中国携手国际社会联合抗击新冠疫情的重要主张，进一步丰富和完善了人类命运共同体的理念内涵，也促进人类卫生健康共同体理念不断走向系统化、理论化。尊重世界各国人民生命安全和身体健康，是敬畏人类生命本性的要求。可见，构建人类卫生健康共同体的行动丰富和发展了人类命运共同体的理论和实践，是携手共建人类命运共同体在公共卫生领域的重要内容和实践延伸。

二、人类卫生健康共同体的伦理价值

人类卫生健康共同体以共同应对全球性卫生健康问题和公共卫生危机为基本主题，

其理念的构建与实践体现了“人民至上、生命至上”的价值追求、正确义利观的中国特色、联合协作的同一健康战略、合作共赢的全球治理，本质上是一种内蕴伦理意涵、伦理精神和伦理价值的伦理共同体。构建人类卫生健康共同体的理念和实践，为共同应对全球性卫生健康问题和公共卫生危机提供了伦理思考和指导。

（一）体现“生命至上”的生命安全观

中国政府在人类卫生健康共同体正式提出之前，就在积极践行生命安全观理念，帮助世界各国应对公共卫生事件。自20世纪60年代以来，中国政府就一直在尽力向第三世界国家提供医疗援助，发扬救死扶伤的国际人道主义精神，开展跨国卫生合作和健康援助。无论是中东地区的中东呼吸综合征，还是西非地区的埃博拉疫情，中国政府积极对外援助，用实际行动践行人类卫生健康共同体理念。

人类卫生健康共同体是对人类生命安全的诠释，体现了“人民至上、生命至上”的价值定位。新冠疫情全球肆虐，极大地冲击和威胁着人类生命健康和安全，成为各个国家和国际社会共同面对的挑战。在国内，中国政府平等、无差别地治疗新冠患者，坚持“应收尽收、应治尽治”的原则，从中央财政和地方财政拨款免费为新冠患者治疗，始终把人民的生命健康放在第一位。同时，把“以人民为中心”的理念传递给世界，积极向世界各国提供新冠抗疫物资、人力支持和疫苗援助，主动分享抗疫经验和知识，力所能及地为全球团结抗疫贡献“中国力量”，以实际行动在联合抗疫中有力推进人类卫生健康共同体的理念落地。

把人类生命健康放在第一位，尊重世界各国人民的平等生命健康权，共同维护世界各国人民的生命安全和健康福祉是中国倡导构建人类卫生健康共同体的根本出发点和价值主旨。打造人类卫生健康共同体，实质上是在全球价值取向的基础上，让不同利益群体、不同国家和不同民族的人们能够更好地聚合起来，参与到人类生命安全问题的治理中，真正实现人类卫生健康进步。

（二）体现中国特色义利观

正确对待和处理“义”与“利”的关系，重视道义与责任，是中国优秀传统文化的重要内容，也是中国外交实践的一个鲜明特色。正确义利观强调义利相兼、以义为先，要讲信义、重情义、扬正义、树道义，坚持同舟共济、守望相助。“以义为先”“义利并举”，是对“义利之辩”的理性思考，本质关注的是利益与德性的关系，强调的是人类共同利益的重要性。

人类健康共同体理念着眼于全人类共同利益和健康福祉。构建人类卫生健康共同体，强调维护人类共同健康和安全的重要性，更强调要将本国利益、他国利益与人类利益更好地结合，在寻求各国国家安全利益、政治利益或经济利益等利益交汇点中，不仅形成相互依存的共同利益，更是形成休戚与共的人类命运共同体，为共同应对全球性公共卫生危机贡献中国智慧。

在疫情防控形势最艰难的时候，国际社会给予中国和中国人民宝贵的支持与帮助，众多国家、国际组织为中国人民抗疫斗争提供物资捐赠，包括医用口罩、防护服、护目镜、呼吸机等急用医疗物资和设备。中国同样力所能及地对外慷慨援助，中国政府在抗击新冠疫情期间积极开展对外援助，与世界各国携手面对这场危机与挑战，这是对人类卫生健康共同体理念的具体阐释，也表现出中国特色的正确义利观。

（三）体现和谐统一的同一健康观

同一健康强调人类与地球生态系统的共生关系，体现出了人类、动物和环境之间健康的关联性和整体性，主张跨学科、跨部门、跨地区交流与合作，实现人类健康、动物健康和环境健康的和谐统一和可持续发展。纵观人类文明发展史，人类始终在和各种瘟疫做斗争。当人类的活动范围和活动能力打破人与自然的生态平衡时，往往就会发生瘟疫。鼠疫、禽流感、SARS、猴痘等传染病的肆虐均与自然环境密切相关，更与人类生产、生活方式密不可分。在与瘟疫抗争和传染病防治的过程中，体现了对人类生产、生活方式关系的反思，人类健康与动物、环境之间交互影响、紧密联系、相互依赖，应对人类健康危机需要调动各方共同努力去调整人与自然之间的关系。

中国在抗击新冠疫情的过程中，形成的由政府主导、跨学科合作和多部门协调落实传染病管理、监测，大规模疫苗接种和宣传教育的联防联控工作范式，正是同一健康理念的体现，也是人类卫生健康共同体理念实践的具体举措。一是在抗击武汉、上海等地新冠疫情暴发时，采取的建立方舱医院、封控疫情暴发区等一系列策略。二是在抗击散在疫情时，政府在控制传染源、切断传播途径、防范社区传播、加强密接人员管理上制定的差异化精准防控政策。三是医药部门推进高效检测试剂、有效药物和疫苗的研发，国内外多部门、多学科联合共同应对和完善全球新冠病毒基因检测。

健康是全人类的追求，也是保护生物多样性的追求。人类、动物及生态环境本是相互关联的共同体，不仅人要健康，动物界、植物界也要健康，同一健康实现的是人与自然和谐共生、可持续发展的卫生健康共同体。地球上的生物多样性存在是亿万年来自然进化的结果，相互间形成的是一个不可分离的复杂巨系统，其中一个环节如环境出现问题，最终都会影响到人类的生产、生活与生存。而将“人－动物－环境”作为一个整体视角来解决复杂人类健康问题，更容易发现防控中的短板，协调各方资源，统筹推进，提高防控成效，强化风险预警。

（四）体现合作共赢的全球治理观

疫情让人们看到，人类社会和不同的伦理价值观不仅影响不同国家、社会、群体和个人抗疫的政治策略和道德判断，也影响世界政治格局和全球人民的健康与安全。疫情的暴发进一步暴露出全球治理体系的缺陷，政治制度和治理理念上的差异也导致各国在全球公共卫生治理方案上存在分歧，同时也是对各国在医疗能力和政治意愿、伦理价值观和道德信念上的检验与挑战。然而，无论不同国家秉承何种伦理价值观，面对人类共同遭遇的公共卫生危机，都应共同负起责任，加强全球公共卫生治理对话合作，这才是保卫人类共同家园、构建人类卫生健康共同体、实现全人类利益的有效路径。

构建人类卫生健康共同体是全球公共卫生治理历史发展的必然趋势。“公共卫生的一国治理－公共卫生的区域治理－公共卫生的国际治理－公共卫生的全球治理”是全球公共卫生治理的演变趋势。这一趋势的核心特征便是国际合作，其方向便是构建人类卫生健康共同体。世界各国携手战“疫”的现实紧迫性揭示了团结合作、互帮互助、多边协商在全球公共卫生安全治理中的重要性，提升各国对构建人类卫生健康共同体主张的认知和认同。

中国践行合作共赢的全球治理观。大疫当前，没有一个国家可以独善其身、置身事外，团结合作才是必然选择。在抗击疫情的过程中，中国始终秉持多边主义和合作精神，坚定不移为各国特别是发展中国家抗击疫情提供支持，积极推动实现疫苗公平可及分配，消除“免疫鸿沟”，携手推进全球抗疫合作，共建人类卫生健康共同体。

三、构筑人类卫生健康共同体的伦理方案

在全球公共卫生危机时刻，构建人类卫生健康共同体不仅是理性的呼声，更是人性的召唤。新冠疫情防控的具体实践为人类卫生健康共同体思想提供了独特的历史机遇，同时也启示我们要将全球健康作为有机整体，构建实际有效的实践路径和方案，为世界各国抗击疫情指明方向，以更好地保护全人类的生命安全，实现世界各国共同发展。

（一）尊重生命健康权

健康是促进人的全面发展的必然要求，是经济社会发展的基础条件，而人民安全是社会安全和国家安全的重要基础。只有不断地保障和维护人民的生命安全，国家和社会的安全才会有坚实的基础。在全世界都面临公共卫生危机挑战的情况下，以维护人民生命健康为中心，坚持生命至上的原则，构建旨在维护全民福祉的人类卫生健康共同体，是让全世界人民都能获得高水平的医疗保障和实现健康权利所需的基础条件。在面对全球疫情蔓延的情况时，应团结协作，共同抗疫，尊重和平等地对待每个人的生命健康权。

生活在地球上的每一个成员都享有平等的生命健康权，都应受到尊重和平等对待，各国都应提供平等的生命健康保障。首先，人类卫生健康共同体的构建，坚持生命高于一切，经济发展为人民的理念，最大限度地尊重和保障世界各国人民的平等生命健康权。其次，尊重和保障“极度脆弱”国家和地区的人民、处于社会最不利地位的脆弱群体的平等生命健康权。只有“极度脆弱”国家和地区的人民生命健康权得到尊重和保障，才是人类生命健康价值目标的真正实现。

（二）促进公平正义

坚持公平正义，全球携手团结抗疫，最大限度地确保社会利益和负担的公正分配。2021年5月，习近平主席在全球健康峰会上发表重要讲话《携手共建人类卫生健康共同体》，强调要坚持公平合理，弥合“免疫鸿沟”，要摒弃“疫苗民族主义”。全球疫苗分配不均、接种不平衡问题是全球抗疫路上的最大阻碍。疫苗作为全球“公共产品”，促进疫苗全球共享、发展中国家可及和可负担性，是抗疫胜利的有力保障。因此，坚持公平正义，应让疫苗真正成为全球公共产品。

毫无疑问，在全球抗疫物资紧缺的局面下，疫苗生产研发国家、企业、利益攸关方应当对发展中国家、贫困人口，以及相对弱势的群体给予更多的援助和支持。所有国家、所有民族都应享有平等的生命权利和发展机会，尽可能促进疫苗、药物等卫生资源的公正分配。

（三）倡导利他共生

共生是事物普遍存在方式，是生命体之间基本存在形式，是人类社会各层架构中的共有特征。共生是从利他出发，主张利用共同体的原则化解矛盾。构建一种人与自然、社会、其他生命的主体间性关系，使个体、群体、自然乃至文明实现利他-利己－互利的共进。共生蕴含着人与自然、人与人、人与社会、国与国、文明与文明之间共生共在的伦理旨向，包含了自然－人－社会－文明四个部分，体现着生的需要和人对自身存在意义及人类文明价值共享的追寻。共生在维系人类共同命运中彰显了独特价值，不是“你死我活”，而是“休戚与共、荣辱与共、生死与共、命运与共”，是一种“利他思维”，本质上体现的是共生共荣共赢关系。

人类的共同价值以“生命”的存在为根本前提，生命的延续、社会的发展依赖于人与自然可持续发展。健康既是权利，也是责任，需要个人、社会、国家共同维护，“同一健康”的整体性充分体现了人类卫生健康共同体思想。每个民族、国家和地区都应共同承担起为维护自然生态环境平衡的责任和义务，秉持利他共生的“同一健康观”，在共建共享中实现人人健康、自然界健康的共同愿景，同时携手合作、团结互助，以实现全球公共卫生治理体系的改革完善，维护人类社会生存和可持续发展的安全。

四、结语

人类卫生健康共同体以人民至上、生命至上为前提，促进全球公共卫生安全为本质，以加强全球卫生治理为核心，以构建人类命运共同体为目标。世界各国和各国人民共商、共建、共分全球卫生健康治理成果，实现共生共荣的治理主张，共同维护人类生命安全和健康福祉。从生命健康与生态安全一体化的视角，超越了社会制度、意识形态和历史文化的差异来看待全球卫生健康和生态环境问题，将国家利益与全球利益结合起来，将当前利益与长远利益、当代人与后代人的生态利益与生态责任统一起来，共同佑护人类共同的地球家园、共同实现生态和人类可持续发展。

（何玲玉　严梦瑶）

参考文献

[1] 张懿，于鸿君. 人类命运共同体的马克思主义生命观维度阐释 [J]. 学习与实践，2021（11）：5-14.

[2] 李凯. 构建人类卫生健康共同体的三重意蕴 [J]. 大连干部学刊，2020，36（8）：12-6.

[3] 喻小勇. 论人类卫生健康共同体的生成逻辑与实践困境：兼论中国方案 [J]. 江苏社会科学，2022（2）：176183.

[4] 朱海林. 人类卫生健康共同体的伦理意蕴 [J]. 伦理学研究，2021（04）：18-124.

[5] 门洪华. 应对全球治理危机与变革的中国方略 [J]. 中国社会科学，2017（1）：36-46.

[6] 杜占元. 深入学习贯彻习近平总书记倡导的全球治理观 [J]. 红旗文稿，2022（3）：4-9.

[7] 蔡贤军，张舜清. 儒家仁爱观对于构建人类卫生健康共同体的思想意义 [N]. 中国社会科学报，

2022-10-11（002）.
[8] 肖巍，孔舒. 构建人类卫生健康共同体的伦理蕴涵［J］. 人民论坛2021（29）: 97-99.
[9] 陈敏仪，伍林生. 从关怀到共生：新时代医患共同体构建的伦理取向［J］. 医学与哲学，202，43（18）: 53-58.

第三部分

健康风险管理

低龄老年人社会参与的健康蕴意

随着我国人口老龄化的加速，如何促进老年群体的健康与福祉已成为一个重要的公共卫生议题。中共中央、国务院发布的《关于加强新时代老龄工作的意见》(2021年)指出，完善就业、志愿服务、社区治理等政策措施，促进老年人社会参与和发挥作用，让老有所为同老有所养有机结合。老年人参与社会活动，发挥知识、经验、技能、品德优势，促进健康老龄化，有助于积极应对人口老龄化。基于此，本文将探究低龄老年人社会参与的意义、内在能力的培育及其健康蕴意，并提出相应对策。

一、老龄化社会需要低龄老年人参与社会工作

社会参与是老年人接触社会、进行人际交往、保持社会联系的重要途径。国际社会一直高度重视老年人的社会参与。2002年马德里第二届世界老龄会议发表的《政治宣言》指出:“对老年人的认可和对他们充分参与的促进，是积极老龄化的主要内容。”WHO提出，应努力创造条件让老年人回归社会，从而使老龄化对社会经济的压力转化为促进可持续发展的动力。世界老龄化理论经历了从“成功老龄化”到“健康老龄化”(healthy aging)再到“积极老龄化”(active aging)三个阶段，前两个阶段都是将老龄化视为挑战，“积极老龄化”则以老龄价值观及老年财富观为理论基础，以全要素参与为实现路径，强调老年人继续甚至更好地参与社会，达到社会化的最佳状态。

(一)老龄化社会的人力资源短缺

全球人口老龄化是全世界最重要的人口医学和社会问题。WHO将健康老龄化定义为“维持功能能力以使老年时期保持健康的过程”，出台了《2020—2030年健康老龄化十年》计划，该计划确立了主要优先事项，如支持国家规划和行动，满足卫生系统符合老年人的需求，为长期综合护理奠定基础，并确保必要的人力资源，加强全球老年友好型城市和社区网络的建设。为了有效实施健康老龄化的既定方案，需要提高国家能力并通过按年龄分列的数据更密切地监测进展情况。

第七次全国人口普查数据显示，我国60岁及以上老年人有2.6亿，其中60～69岁的低龄老年人占五成多。今后10年间，每年有2000多万人陆续退休，我国将迎来史上最大规模的“退休潮”。大批“60后”跨入老年行列，无疑将从许多方面刷新传统的老

年、老年人、老龄社会等概念，改变基于旧有的老年人观念形成的养老产业和服务标准。低龄老年人群中，有身体健康、可以满足岗位需求的人，可以合理开发利用这些宝贵的人力资源，弥补我国人力资源缺口和缓解人才危机，也会使老年人的生命文化活力得到充分释放。对退休医务人员的资源进行有效开发或利用，最大限度地发挥其特长和优势，提高自我保障能力，还能弥补我国医疗专业人才需求总量短缺，对医疗卫生事业发展有积极的作用。

适龄劳动力逐年减少。第七次全国人口普查数据显示，全国15～59岁人口的比重与2010年相比，减少了4500万人。未来我国劳动年龄人口持续减少的趋势不会改变。因此，需要及时采取适当应对措施。其中最重要的就是将低龄健康老年人人力资源投资于科技、教育、卫生等领域，从而有效应对未来“人口负债”。我国健康医疗产业发展迅速，却严重缺少经验丰富的中医医生和护理人员。当前，我国老年人社会参与的深度和广度偏低。现实中，人们更多关注的是老年人的健康状况和服务方面，将老年人视为被照顾、保护的对象，导致其固有的资源优势被埋没。以年龄形态作为划界的方式忽视了老年人的价值需求和精神需求，降低了老年人社会参与的机会。此外，关于老年人社会参与的法制也不健全。虽然《老年人权益保障法》明确规定，社会参与是老年人的一项权利，但缺乏具体规定，操作性不强，社会管理、社会运行的其他规则中年龄歧视、退休歧视较为常见，老年群体社会参与渠道较少，缺乏信息指引等。我们需要系统性地审视、改变和完善现存制度，思考消除老龄歧视，友好老龄环境，支持老龄参与，挖掘老年人的内在能力。

（二）低龄老年人内在能力及社会参与优势

内在能力是健康老龄化的一个重要概念。WHO提出的内在能力指个体在任何时间点都可以利用的所有身体和精神能力的综合。它反映个体功能能力的储备，涵盖运动、营养、感官、认知和精神心理等多个维度。老年人内在能力有四个主要属性。第一，以实现健康老龄化目标为导向，实现老年人身心健康，延缓衰老进程；第二，个体的生理基础和心理素质，是老年人面对健康挑战的基本支撑；第三，涵盖生理、心理和社会维度，且各维度之间存在复杂的互动关系；第四，发展轨迹是动态且可逆转的，在适当的干预下，老年人的内在能力可以得到恢复或提升。

“内在能力”这一概念超越了传统的生理健康范畴，强调个体功能的完整性和自我实现的可能性。内在能力受年龄、性别、疾病状态、慢性炎症、生活方式、社会环境等多种因素影响。营养、运动、药物、认知等干预手段可改善内在能力。活力能力被视为内在能力的潜在生理决定因素。低龄老年人具有巨大的内生力量，具有参与社会的潜在优势。

1. 经验优势 老年人阅历很深，具有显著的经验技能优势和社会关系资源优势。如果老年人有强烈的实现自我价值的意愿，热切希望贡献社会，应成为促进社会经济发展的重要力量，可在身体状况允许、尊重其主观意愿基础上为其创造发光发热的社会通道。

2. 储备优势 现在我国人均受教育年限普遍延长，虽然进入岗位工作的年龄向后推迟，全部工作的期限也会相对缩短，但其退休前持续学习中增长的知识、工作中积累的经验、长期交往中形成的人脉资源等，实际上都为退休后老年人人力资源整体开发进行了极大的储备，为社会参与、展示生命文化提供了保证。除应引起足够重视，加快有效开发、合理利用外，低龄老年人群体也要充分利用自身优势，积极主动地投入各项适合的事业，变“闲”为“忙”。只要始终都在忙碌而不是闲而无事，生命文化一直处于激活状态，人生自然就会增加无限活力。

3. 灵活优势 随着产业结构的调整和升级，我国服务业增加了很多灵活的、弹性的就业岗位，这为老年人重返劳动力市场创造了宏观环境。服务经济与知识经济领域对年龄并没有严格区分的特征，更适合于有着丰富经验和知识积累的老年人借助于科技、信息等突破传统企业组织边界的局限，更好地通过灵活就业方式，服务于各个行业、各个领域，有助于推动整个社会生产力的飞速发展。

4. 共享优势 实现充分就业，全部社会成员包括老年人的经济收入才有可能得以稳步提高，最大限度地实现共同富裕，消除群体之间的隔阂。在此基础之上，社会成员才能对自身处境有一个较好的评价，从而对社会产生较强的认同感，形成积极的社会和谐态度。也就是说，只有实现社会成员的权利特别是劳动权利平等和生活质量的普遍提升，才谈得上社会整合程度的不断提高和社会发展成果的人人共享，使老年人群体的获得感、幸福感、安全感更加充实、更有保障、更可持续。

二、低龄老年人社会参与，促进积极健康

1982年老龄问题世界大会通过的《老龄问题国际行动计划》重点针对老年人就业和退休提出：“社会政策和实践规定了老年人的权利、义务，如当人年老时有权去选择继续工作或休息；所有人都属于这个社会，其参加工作并为之做贡献的机会应得到社会的保障。”老年人选择继续社会参与是一种生活方式，有助于老年人身心健康，有助于提升老年人的生活质量，满足老年人尊重的需要、自我价值实现的需要，从而为实现健康老龄化提供保证。

（一）助推健康中国战略

健康是幸福生活最重要的指标，健康是1，其他是后面的0，没有1，再多的0也没有意义。健康中国建设把保障人民健康放在优先发展的战略位置的论述，为健康中国发展指明了方向。我国倡导全民健康覆盖所强调的是“健康路上，一个都不能少”。

老年人社会参与和自我身心健康之间存在正相关关系，参与越活跃，身心健康状态越好，形成良性循环和相互促进。因此，积极促进老年人社会参与，是保持健康的重要条件。而健康是人类生存和发展的基本条件，是每个人自主生活和参与社会发展的前提，也是生命文化过程中永恒的主题。马克思把健康称为人的第一权利，是一切人类生存的第一前提。人活着首先要健康，有了健康，才能使一个人在身体、精神和社会活动等方面都处于良好状态并且具有持续的活力，从而为社会参与及生命文化每个阶段的绚丽绽放创造条件。正如哲学大师斯宾诺所言“保持健康是做人的责任”，绝不仅仅是个人生活、家庭幸福的保证，更是民族兴旺、国家强盛的基础。

假如有劳动能力的老年人在退休后获得劳动条件且在劳动中建立一定的社会关系，就构成了积极健康的前提。充分利用健康老年人为社会和组织创造财富，更好地推动经济、社会可持续发展，也是从源头上减少医疗费用支出，提升老年人群幸福健康指数，实现健康老龄化的目标。

（二）积极应对人口老龄化

老年人的社会参与有助于积极应对人口老龄化。

第一，有利于开发老年人力资源。随着预期寿命提高，人们健康存活时间不断延长。若能够有效发掘该群体的人力资源，可增加我国劳动力供给，降低社会的养老负担。

第二，丰富老年人的晚年生活。工作是一个人与社会联系的重要纽带，退休生活会使人变得封闭，生活内容变得单调，而长此以往会不利于身心健康。社会参与是老年人接触社会、进行人际交往、保持社会联系的重要途径。与他人的互动能够使老年人感受到归属感，建立积极的人际交往行为。老年人在社会交往中发展兴趣爱好，增加见闻和生活体验，也能够认识新朋友，丰富和充实晚年生活。

第三，提高老年人的健康水平。社会参与能够从生理、心理、认知能力等多方面改善老年健康。在参与过程中还能够倾诉烦恼或困难，疏解压力，获得情感支持，减少孤独感，有利于老年人保持心理健康。

第四，实现老年人自我价值。根据马斯洛的需求层次理论，人在满足了基本的生理、安全等需要之后，还会有自我实现的需要。老年人在退休后有了更多自由的时间，通过参与社会活动，实现自我价值。

第五，有助于减轻养老负担。人口老龄化将直接导致老龄人口抚养比不断提高，用于养老的社会保障支出会逐年增长。2020年全国老年人口抚养比为19.7%，比2010年提高7.8个百分点。这意味着劳动力人均承担抚养人数和抚养负担越来越重。在劳动人口占比下降的同时，劳动人口还将面临更多的抚养重担。一些老年人通过继续工作增加收入，拉动社会消费，发展“银发”经济。

三、促进低龄老年人社会参与健康中国建设的策略

改善社会参与不仅仅是老年人自身的责任，也是整个国家和社会的责任。充分认识到老年人的特殊作用，并通过社会参与提升其价值，以实现中国的积极健康老龄化。

（一）激活低龄老年人社会参与的内在能力

早期识别老年人内在能力的下降，及时采取干预措施来减少其功能退化、认知障碍、抑郁症状，提高老年人生命质量和促进健康老龄化。基于内在能力开展老年人个性化健康评估、全程管理和多维度干预；建设以老年人需求为中心的整合照护体系，以合理配置照护资源，优化照护服务，提高照护效率和质量。公共卫生政策的制定依据引入内在能力概念，使关注重点从疾病治疗向以人为本的健康促进转变。

以增强老年人身心健康相关的内在能力为抓手，提供老年人积极投身参与社会活动的意识。在老年阶段积极主动的参与意识、恰当有序的参与行为、合乎自身的参与技能及服务社会的参与成就，其生命长度和生命质量会提升。为了促进老年人主动发挥自身优势参与到社会发展，需要以社会行为和社会功能更好地促进老年人的健康。因此，老年人要根据自身条件积极参与社会发展的相关活动，激活生命文化活力和潜能，达到全面的、积极的健康，感受到生命健康体验和自身有为的社会价值。

健康的生命首先必须不断追求高品质躯体健康的自然长度。这种高品质躯体健康的实现和维护是一个人所具有的科学知识、生活技能、生命态度和健康价值观的生命文化活力的综合体现。诚如古罗马小塞涅卡说过：“内容充实的生命就是长久的生命，我们要以行为而不是以时间来衡量生命”。赋予生命的社会文化价值和态度，维持老年人的护理保健和养生教育，促进不断激活并延续老年人生命文化的内生能力。

（二）完善老年人社会参与的健康政策

老年人在生命经历过程中，身体逐渐衰弱、生理功能退化、淡化社会生活、亲友

同事离世等负面因素直接影响老年人身心健康以至生命文化活力。因此，国家既要关注和加快老龄产业的发展，努力做好服务，为老年人群体提供全方位的保障；又要积极营造老有所为的氛围，更好地发挥老年人人力资源的作用，创造条件让他们继续服务于社会，为激活、延续、展示生命文化活力的强大优势提供保证。服务、参与和延续三者要相互兼顾：服务保障是基础，社会参与是前提，激活延续是目的。

社会参与过程中，个人价值观和需求的反思由外在驱动的过程所滋养。职业治疗师、护理人员在支持老年人积极健康老龄化时，需要考虑社会参与的各个方面。全社会要支持老年人按照自己的权利、需求、爱好和能力积极参与社会活动，直接或间接地融入家庭、社区和社会的最新发展过程之中，吸纳新鲜血液和接受新生事物，实践新的生命文化理念，催生新的生命文化目标的实现。要为老年人社会参与创造条件，提供支持，增进老年人社会参与的信心，展示老年人生命文化的潜能和价值，使其真切地意识到生命文化的活力就在于自己还有机会和能力实现“老有所为”，并最终实现自身生命文化质量的持续改善和提高。

总之，低龄老年人拥有丰富的知识、经验和技能，通过社会参与不仅能促进健康，丰富晚年生活，还能减轻社会养老负担，实现自我价值。社区环境也显著影响老年人的参与度。为促进低龄老年人社会参与，需加强政策支持，消除年龄歧视，改善社区环境，并充分利用其灵活性和经验优势。本文还强调了健康老龄化和积极老龄化的理念，提出通过多组分干预措施同时促进老年人社会参与和身体活动，以实现健康中国和积极应对人口老龄化的目标。

（刘学民　陶　莹　赫　莉　王佰玲　陆莉娜）

参考文献

[1] 张文娟，赵德宇．城市中低龄老年人的社会参与模式研究[J]．人口与发展，2015，21（1）：78-88.

[2] 宋月萍，张光赢，彭可余．中国低龄老年人劳动参与的现状、特征及趋势[J]．人口研究，2024，48（2）：75-89.

[3] 潘一鸣，马丽娜．实现健康老龄化应关注老年人的内在能力[J]．中国医学前沿杂志（电子版），2024，16（8）：85.

[4] 吴婷婷，魏晓琴，董建惠，等．老年人内在能力的概念分析[J]．中华护理杂志，2024，59（16）：2037-2043.

[5] LU S，CHUI C，LUM T．Promoting Social Capital for Healthy Aging：Towards an Integrative Framework[J]．Gerontologist，2023，63（4）：628-636.

[6] SI Y，HANEWALD K，CHEN S，et al．Life-course inequalities in intrinsic capacity and healthy

ageing, China [J]. Bull World Health Organ, 2023, 101 (5): 307-316C.
[7] COSCO TD, HOWSE K, BRAYNE C. Healthy ageing, resilience and wellbeing [J]. Epidemiol Psychiatr Sci, 2017, 26 (6): 579-583.
[8] TCYMBAL A, ABU-OMAR K, HARTUNG V, et al. Interventions simultaneously promoting social participation and physical activity in community living older adults: A systematic review [J]. Front Public Health, 2022, 10: 1048496.
[9] BAUTMANS I, KNOOP V, AMUTHAVALLI THIYAGARAJAN J, et al. WHO working definition of vitality capacity for healthy longevity monitoring [J]. Lancet Healthy Longev, 2022, 3 (11): e789-e796.

家庭健康养老观念及其实践初探

伴随着社会转型、经济转轨，人们的养老观也在发生变化。如何养老？怎样养老？在文化价值的层面上，这是对人生价值和生命意义的提问。中国历史上家庭养老居于主要地位，而现代社会，社会养老和机构养老日渐增多，也必将在老龄化社会发挥更重要的作用。老年人群体应树立健康的养老意识，主动养老，实现老有所养、老有所为。

一、树立健康新观念，体验健康新生活

现代文明社会要更好地服务老年人群体，用积极的态度看待和预备“老”和“病”。老年人也应树立健康新观念，活出真实而又自然的生命本色。家庭成员要更加珍惜彼此生命的遇见、相知和相守，凝心聚力早储备，健康养老好家庭。每个人都可以做到“我的生命我做主，我的家庭我经营，我的健康我把握”。

（一）用理性面对人口老龄化趋势

进入21世纪，中国人口老龄化规模庞大、速度快、高龄化、空巢化问题日益突出，而空巢老年人和独居老年人的增长将弱化家庭养老的功能。第七次全国人口普查数据显示，中国老年人抚养比大幅上升，养老负担加重。2011年老年抚养比是12.30%，2020年达到19.7%，这意味着每两个年轻人需要抚养一位老年人。少子化和长寿趋势使中国老龄化持续加深。国家统计局公布数据显示，中国人口平均预期寿命从2010年的74.83岁，提升到2019年的77.30岁。“十四五”时期60岁及以上人口占总人口比例将超过两成，进入中度老龄化社会。

（二）用感性体验养老新生活

一般而言，离退休是人生的重要转折点。离退休后的第一个十年，是迸发出更多的生命能量、活出精彩纷呈的“黄金十年”。为了更早为健康养老生活做好储备，让身体始终好用或能延缓衰老，维系自己的朋友圈找到情感通道，有“活到老、学到老”的自信，满足年轻时见多识广的梦想，愉悦身心，提前为人生后半程做好准备增加收益。

（三）用悟性探索家庭养老观

作为新时代的新老年人，可以充分地觉察、觉知、觉悟，探索在不同的生命阶段、健康状况、家庭条件和社会环境下的家庭养老观。当前我国家庭结构逐步小型化，加之居家养老仍是主流养老模式，这给“4-2-1”的家庭中子女带来了巨大的赡养压力。

实际上，家庭成员彼此都是生命共同体，要实现共同居住人的利益最大化。保持心境平和与情绪稳定，处理好与家庭成员的关系，相互理解、相互包容、相互支持。家庭决策要考虑到每个家庭成员的诉求，家庭成员之间要进行坦诚的沟通与交流，要考虑到长者的意愿与需求。

《中国城市养老服务需求报告（2021）》覆盖全国19个省份80万城市居民，旨在对我国30-85岁城市居民养老服务需求进行大数据画像，52.9%的人愿意选择在家养老，希望得到同等的适老化改造，享受专业机构提供的上门服务。有上门服务和专业化支持的居家养老有助于老年人在熟悉的环境中生活，又能享受社会化、专业化的服务和照护，有效满足老年人的多样化需求。

中老年人对专业化、规范化的机构养老的接受度在增高。据一项对社区居家养老服务的在线调查结果显示，与家庭赡养、养老院养老等养老方式相比，47.3%的受访者更愿意选择社区居家养老，62.2%的受访者认为社区居家养老有利于提高老年人的社会参与度，61.5%的受访者认为可以减轻家庭成员的负担，58.5%的受访者认为有利于强化家庭成员的支持与联系。

因此，无论是选择居家养老、机构养老还是社区养老，都是健康养老生活方式的选择。

二、同心、同向、同行，做好物质和精神储备

（一）多维举措应对老龄情况

敬老爱老是中华民族的传统美德，在当今社会，积极构建养老、孝老、敬老的政策体系和社会环境，事关人民群众健康福祉，事关社会和谐。

成功老龄化（successful aging）涉及认知行为、感知、控制、生活满意度和道德，是对生活怀有内在的幸福感，以及一种健康养老的状态。成功老龄化方案可促进每位老年人保持积极健康的老龄化生活。

构建居家与社区机构相协调、医养结合的养老服务体系。《“十四五”积极应对人口老龄化工程和托育建设实施方案》（2021年）提到，要夯实社区居家养老服务网络，

发展集中管理运营的社区嵌入式、分布式、小型化的养老服务设施和带护理型床位的日间照料中心。国务院发布的《"十四五"国家老龄事业发展和养老服务体系规划》（2022年）明确提出，要强化居家社区养老服务能力，完善老年健康支撑体系。实施积极应对人口老龄化国家战略，发展养老事业和养老产业，优化孤寡老年人服务，推动实现全体老年人享有基本养老服务。

那么，要有效地应对人口老龄化社会的严峻挑战，政府要从政策上引导，社会要从环境上营造，养老机构要从投资准备和专业护理能力提升等方面同心、同向、同行，个人和家庭更需要从物质层面和精神层面上多做储备。巩固家庭养老的基础地位是中国式现代化养老保障体系建设的一项重要内容。子女应承担家中长者的医疗照护，给予经济支持。

（二）善用财富管理，做好物质保障

从养老消费视角看，需求大概可分为八类，包括生活照护、清洁护理、智慧家居、中医调养、康复训练、文化需求、心灵呵护及养老金融服务；城市老年人群体一般除有稳定的退休金外，一些人还有金融资产和房子等不动产收益作为养老金来源。农村老年人一般有自己的房子，有一些储蓄，也有土地。当然，那些无收入、无劳动能力、无赡养人的三无老年人，则是社会和国家供养的五保户。符合政策的老年人可申请低保、残疾人补助金、高龄老年人补贴、失能老年人补贴及福利养老金等。

年轻时，我们要有意识地、自主地多关注长期养老储蓄性质的产品与服务，如购买一些性价比相对高的商业养老保险，利用风险管理的工具减少未来健康损失的不确定性，做好健康养老的物质储备。

（三）深谙快乐之道，实现精神富足

家庭健康养老在精神慰藉和亲情关爱等方面具有显著优势。儿女希望尽孝、老年人希望在家养老的优良传统没有转变；居家养老中的"家"具有开放形态，扩大到老年人所处社区的广义家庭。广义的"家"既包括物质条件、适老化设施，又涵盖长者能够得到更好照顾的人文社会环境。

生命文化的探索者、实践者和传播者往往有一个共同的特征：有一种根植于内心的修养、无须提醒的自觉、有约束的自由和处处为人着想的善良。他们主动迎接与拥抱离退休人生，追求精神的富足与心灵的丰盈，不仅使自己的身体代谢保持平衡、肌体功能衰老放缓，而且奉献社会、快乐自己、绽放生命，将活出全新自己当作一种内植于心的习惯。

这种欣喜与愉悦的情绪对于实现有美好生活体验老年幸福生活是非常重要的。生活幸福感来自活出最佳的生命状态，身心合一，使生命文化唤醒和造福生命。

（李　贞）

参考文献

［1］袁正光. 生命的智慧：生命文化导论［M］. 北京：中医古籍出版社，2012.

［2］克莉斯汀・卡特. 加州大学伯克利分校的10堂幸福教养课［M］. 北京：中国青年出版社，2012.

［3］李赞. 爱与陪伴：老年人心灵呵护理论与实务［M］. 中国劳动社会保障出版社，2015.

［4］张国芳，王佰玲. 黄金十年，智慧选择［M］. 北京：中国商业出版社，2015.

［5］葛晓萍，李澍卿，袁丙澍. 中国传统社会养老观的变迁［J］. 河北学刊，2008，（1）：125-128.

［6］曹鑫. 青年人与老年人养老观念的共识、差异与融合［J］. 四川理工学院学报（社会科学版），2018，33（3）：21-41.

［7］马洪旭，李放. 农村政府工作满意度与准老年人的养老观念：基于CGSS数据的实证分析［J］. 江汉学术，2022，41（2）：107-118.

癌症患者全生命周期健康管理探索

数千年来，人类对生命的渴望、期待，对死亡的未知、恐惧，超越地域，跨越种族惊人的一致。癌症、心脑血管疾病、糖尿病等慢性非传染性疾病，在全球范围内已成为导致人口死亡和疾病负担的主要原因。关于癌症，最古老记录出现在公元前1600年的古埃及时期，莎草纸记录了8例发生在乳腺上的肿瘤，其结论是“无药可救”。纵观百年抗癌史，与20世纪以“消灭肿瘤”为主要目标的癌症治疗历程不同，进入21世纪以来，癌症的治疗与研究已不再局限于患者生存期的长短，而是围绕“预防、治疗与康复”为核心的贯穿全生命周期的生命质量的提升。

一、癌症患者的生存需求

由于人口老龄化速度加快，进入21世纪以来，全球癌症新发病例数与癌症负担逐年剧增。

《2020中国癌症患者生存质量白皮书》显示，疼痛和睡眠障碍是癌症患者最常见的并发症，50%以上的受访患者出现过不同程度的疼痛，疼痛的程度与患者的病理分期、体能状况息息相关；70%以上的癌症患者存在睡眠障碍。癌症患者的治疗与康复，对家庭生活和经济支出均会产生较大的影响，引发患者本人及家属的压力和焦虑。据调查数据显示，50%的患者生病后人际社交关系体验较差，在人际交往和社会融入等方面感到有明显的隔阂感，产生无意义情绪。

癌症已成为影响人民群众身心健康和国家经济社会发展的重大公共卫生问题。癌症的全生命周期健康管理，将以治疗为核心的疾病管理上升至以患者为核心的全方位健康管理，旨在以行之有效的综合治疗与管理模式实践肿瘤健康管理理念，通过“全方位、多维度”提升患者的生存质量，实现患者生存期的延长和患病负担的降低。同时，推进健康人群和高危人群对癌症早筛、早诊的健康管理意识和实际行动，对降低癌症发病率、死亡率，提高治愈率与生存率，具有更深远的社会效益和长期价值。

二、全生命周期健康管理的意义和价值

（一）癌症患者生命质量提升的必要性

一直以来，实现患者长期生存是传统癌症治疗的核心目标，也是患者及家属在治疗与康复过程中的关注重点。尤其近年来，随着医疗质量和诊疗技术的不断进步，患者的五年生存率得到提升，使长期生存的可能性也在逐渐提高。一个癌症患者的总生存时间与他的生存质量息息相关，癌症治疗的目标不是治愈，而是利用各种治疗手段延缓疾病进展，提高患者生存质量，患者不仅要活得长，更要活得好。从身体健康、心理与精神健康、社会适应与支持等多个维度，提高患者“活着”的质量即“生命质量”，于患者及家属回归正常生活具有行之有效的现实价值，并为评估癌症患者治疗与康复效果时提供更全面与综合的指标、依据。同时，随着医疗科普工作开展的逐渐深入，改善民众对癌症恐惧的认知，促进全民健康意识科学化，也具有很高的社会价值。

（二）全生命周期健康管理能够提升癌症患者的生命质量

癌症的全生命周期健康管理，将“诊断–治疗–康复”的病程周期，延展至患者的整个生存期。同时，将以治疗为核心的疾病管理上升至以患者为核心的全方位健康管理，覆盖了预防、筛查、诊断、治疗、康复，以及后期大数据跟踪随访的全生命周期。

1. 身体与心理双重健康水平的提升能够提升癌症患者的生命质量 生命质量包括身体健康和心理健康的两重性，无论是健康人群还是患者群体，都期望保持“体强为健，心宁为康”的良好生命状态。癌症对于患者身与心的负担程度远超其他病种，在诊疗层面上，目前癌症的治疗手段仍以放化疗和手术为主，患者既要承受器官摘除或者生理功能部分丧失的“切肤之痛”，还要忍受治疗过程中并发症的影响。身痛则心不宁，癌症患者在生存期各个阶段都要面对不同心理问题带来的困扰。作为困扰癌症生存者的主要心理问题之一的癌症复发恐惧，导致癌症生存者的心理功能失调，同时会对其治疗依从性、社会功能和生活质量造成不可逆的影响。

癌症是多阶段、多因素共同作用的结果，亦如生命质量充满了多重性与复杂性。身体健康水平的提升和心理问题的改善，为患者的生活状态带来直接且积极的影响，缓解痛苦可为患者争取重新审视生命意义的更多可能，重构对生命价值的认知。

2. 良性社会关系能够提升癌症患者的生命质量 癌症患者从治疗到康复的经历，是自我承受病痛的过程，在身体和健康承受巨大冲击之外，往往还要面临自我社会价值与功能的弱化危机，人际交往的疏离、社会活动的脱钩都在所难免。调研发现，60%

的患者因癌症影响到其正常的生活，受影响最多的是社会交往，占57.3%。在乳腺癌患者中，患者受影响最多的是“正常工作”，另外21.5%的妇科肿瘤患者及乳腺癌患者婚姻关系受到影响，50%的癌症患者生病后人际社交关系体验较差，表现为“感到有明显的隔阂感”“产生无意义情绪”“人际关系不和谐”等情况，但总体来看，患者感受到整个社会对其支持还是比较好的。

家庭支持是患者重新回归社会基本和核心的支持维度，家庭成员最了解患者的生活习惯、情感心理等状态，患者对家庭成员的信任和依赖度源于血缘亲情的天然维系。因此，来自家庭成员的支持、关心与照护对患者而言尤为重要。随着诊疗技术的进步和民众对医学认知的提升，“癌症歧视”现象虽有所缓解，但仍然客观存在，癌症患者要面对重新回归社会，在职场、婚恋、人际交往的多重困境。人是社会的人，社会支持更侧重于归属性支持，强调患者在社会环境中被支持、被接纳，对于患者消减消极悲观的情绪，培养积极乐观的人生态度、重新获得社会归属感大有裨益。

3. 癌症患者生命质量的提升能够助力“健康中国2030”规划的实现 《“健康中国2030”规划纲要》明确提出，实施癌症防治行动，倡导积极预防癌症，推进早筛查、早诊断、早治疗，降低癌症发病率和死亡率，提高患者生存质量。癌症患者的全生命周期健康管理，旨在以行之有效的综合治疗与管理模式，“全方位、多维度”地提升患者的生存质量，实现患者生存期的延长和患病负担的降低。同时，推进健康人群和高危人群对癌症早筛与早诊的健康管理意识和实际行动，对于降低癌症发病率、死亡率，提高治愈率与生存率，具有更深远的社会效益和长期价值。

三、全生命周期健康管理模式的内涵

（一）未病周期的健康管理

癌症的形成是人体在全生命周期内相关危险因素发生、发展、累积的演变过程，当身体细胞内基因变异累积到一定程度时，癌症才会发生，这个过程通常需要十几年到几十年的时间。癌症被WHO重新定义为可预防、可控制的慢性病，1/3的癌症完全可以预防，1/3的癌症可以通过早期发现得到根治。而我国传统医学也历来重视疾病的预防，早在《黄帝内经》中就有提出“不治已病治未病”的疾病预防理念。

健康管理兴起于20世纪50年代的美国，强调健康过程中的监测、分析、评估、健康咨询和指导，是对个人或群体的健康危险因素进行全面管理的过程。未病周期健康管理，以预防作为健康管理的第一要义，将现代医学模式与传统医学未病理念作为指导基础，对健康人群和高危人群的综合健康情况和潜在影响健康的风险因素进行全面的检测与评估，通过医学行为、生活方式的有效干预和跟踪进行的全生命过程健康管理模式，可降低癌症发生的风险与可能性，将癌症防控的关口前移。

（二）定期进行规范的防癌查体检测

对自身患癌风险进行评估，如发现早期癌症或癌前病变，能够及时进行早期干预。检测项目主要包括常规项目，如血常规、尿常规、便常规、血生化检查、胸片或低剂量螺旋CT、超声检查（甲状腺、腹盆腔，女性要做乳腺超声检查）、痰细胞学检查、尿脱落细胞学检查、大便潜血试验、肛门指诊，女性还需做宫颈涂片（或TCT）、HPV检测，45岁女性需要加做钼靶检查等；肿瘤标志物检查，包括癌胚抗原、糖类抗原125、糖类抗原19-9、甲胎蛋白等，超过50岁男性要加做前列腺特异性抗原检测；不同肿瘤的高危人群还需要进行特殊检查，如乳腺癌高危人群需要检测*BRCA*基因，超过45岁人群或胃肠癌高危人群需要做胃肠镜检查等。

（三）科学的生活方式为健康保驾护航

科学研究证实，大多数癌症的病因与生活方式有关，77%的癌症根源在于生活方式，而遗传和环境只占到14%和9%。膳食营养、适度运动、心理健康和改变不良生活习惯是健康生活方式的四大基石，可有效预防和控制癌症等慢性病的发生和发展。

合理健康的膳食结构、良好的饮食习惯、科学的烹饪方式是科学膳食营养的三重保险。坚持以谷类为主，薯类、蔬果、禽畜鱼蛋奶和豆类食物合理搭配的膳食模式，避免过多的畜肉及加工肉类、动物脂肪的摄入，同时注意减少盐、油的食用量；烹饪以蒸、焯、煮、炖的方式，最大限度地保留食物的营养价值；规律进餐，足量饮水。运动是性价比最高的防癌方式，通过适量运动加速人体血液循环并刺激大脑分泌产生多巴胺，在燃烧多余脂肪的同时，将体内一些致癌物质排出体外，并使人的精神状态更加愉悦。精神创伤、长期情绪压抑等心理问题，会严重干扰人体的免疫系统，导致机体神经内分泌和免疫功能失调，更易引发细胞突变，诱发癌症。及时疏导不良情绪，呵护心理健康，是预防癌症最坚实的一道防线。近年来，癌症发病年轻化趋势明显，熬夜、久坐、外卖、饮酒、吸烟等不良生活习惯，正在“偷走”健康，生活习惯的改善有助于自身免疫系统功能的提升。

三、癌症治疗周期的健康管理（以乳腺癌为例）

乳腺癌已取代肺癌成为全球最常见的恶性肿瘤。乳腺癌患者的治疗周期健康管理过程，是以临床诊疗为核心，并发症管理、营养不良的预防与管理、心理干预与疏导等多维度全方位管理。

乳腺癌的临床诊疗综合了外科手术、放化疗、内分泌治疗、靶向治疗、免疫治疗等多种治疗技术，在临床实践中已逐渐发展成为“以乳腺癌为中心，多学科综合规范诊疗”的模式，乳腺癌的治愈率得到了显著提升，复发风险得以有效控制。在临床治疗过程中的并发症，如心血管疾病、骨代谢异常、呼吸系统炎症、消化系统损伤、生育困扰等问题，已成为影响乳腺癌患者治疗周期内治疗依从性的次生因素。以患者为中心，按照分级诊疗原则，通过急慢分治、多学科全程规范治疗、跨学科全方位健康管理，有助于提高患者的生活质量，降低乳腺癌患者的非乳腺癌相关死亡率。营养不良是影响患者生活质量和生存期长短的重要因素。有临床数据统计，40% ～ 80%的肿瘤患者存在营养不良，甚至约20%的肿瘤患者直接死于营养不良。

营养不良会直接影响患者手术伤口的愈合，削弱人体抗感染能力和对治疗的耐受性、敏感性。因此，在治疗周期内要通过规范性营养评估、个体化营养素补充、合理膳食指导和随诊随访等对患者进行全程营养管理，以改善患者的治疗反应。在治疗周期内患者的生理、心理会发生急剧变化，而乳腺癌患者在治疗过程中不但要承担癌症患者普遍存在的心理负担，同时还要承受作为重要女性性征乳房丧失而造成的巨大心理冲击，出现消极抑郁、行为紊乱等危机状态，需要对患者进行定期评估、积极的心理干预和追踪随访，从临床、家庭与社会多方面为患者提供心理支持，帮助患者树立自信，提高治疗依从性，有助于延长生存期，提高患者的生命质量。

四、癌症患者康复期的健康管理

癌症的一个显著特点是容易复发和转移。因此，在患者结束临床治疗出院后康复期健康管理尤为重要。癌症患者康复期的健康管理包括生理、心理和社会三个不同维度。

第一，在生理康复维度，“预防”和“免疫重建”格外重要。国际抗癌联盟提出的三级预防概念，第三级预防便是对应治疗后的康复，防止病情恶化，提高生存质量，减轻痛苦，延长生命。患者体内的细胞分化调节机制并不一定得到改善。因此，在康复过程中，患者要自我主动培养“预防”的意识和理念，警惕早期症状，关注前沿进展，及时了解临床试验等讯息，都是非常重要的预防方法。免疫系统是帮助我们抵御病魔的“护卫”，在接受化疗的同时，癌细胞和正常细胞遭到了无差别攻击。因此，在康复期内，要着重“免疫重建”，通过营养管理、规律作息、科学运动，改变机体内利于肿瘤生长的小环境，重塑健康体魄，可以有效地防范癌症细胞的复发、转移与再生。

第二，癌症长期生存者心理的最大压力莫过于担心肿瘤复发转移，1/3的癌症长期生存者害怕肿瘤复发、转移及相关健康问题，以致引起焦虑和抑郁。面对病痛，最重要的是心态，定期的心理测评、个体化的心理指导，以及来自医护人员、家庭、社会和患者本人的共同努力，为患者营造缓解心理压力的舒适人文氛围，对于提升患者的生命质量具有重要意义。

第三，癌症患者康复期内还要面对自我社会价值与功能的弱化危机。对于遭遇人生重大变故的患者来说，他们的抗癌经历在对待健康和生命意义的认识等方面，往往会超越普通人群，具有宝贵的认知引领与指导价值。患者在重新回归社会、重建人际交往的过程中，需要社会多方的理解、接纳与支持，实现生命价值的升华。

癌症被认为是21世纪威胁全球健康最严峻的公共卫生问题之一。癌症的全生命周期健康管理，实现了管理过程的“全周期”、管理人群的“全覆盖”、管理内容的“全方位”，在保障与提升患者的生命质量与长期生存的同时，显著降低癌症的发病率与死亡率，为“健康中国2030”癌症诊疗目标保驾护航，为全民健康打下坚实的基础。

（李香菊　张文英　高园园　花　芳　李萍萍）

参考文献

[1] 黎立喜，马飞. 乳腺癌全方位和全周期的健康管理模式[J]. 中国医学前沿杂志（电子版），2020，12（3）：1-5.

[2] 张浩臣，潘锋. 多举措提高癌症患者生存质量：访首都医科大学宣武医院胸外科主任支修益教授[J]. 中国医药导报，2020，17（31）：1-3.

[3] 李双双，许湘华，金彩，等. 智慧医疗在癌症生存者症状管理中的应用现状[J]. 医学与哲学，2020，41（19）：44-47，62.

[4] 彭翠娥，谌永毅，王卫红. 身心社灵全人护理模式在肿瘤患者护理中的应用现状[J]. 中国护理管理，2014（7）：778-780.

[5] 翁冰冰，高睿鑫，邹海燕，等. 健康档案在全科医生实行全生命周期健康管理中的应用探讨[J]. 现代医院，2020，20（7）：1035-1038.

[6] 韩涵. 改变生活方式 癌症可以预防[J]. 开卷有益（求医问药），2018（6）：39-40.

[7] 国家肿瘤质控中心乳腺癌专家委员会，北京乳腺病防治学会健康管理专业委员会. 中国乳腺癌随诊随访与健康管理指南（2022版）[J]. 中华肿瘤杂志，2022，44（1）：1-28.

[8] The International Agency for Research on Cancer（IARC）. 2020 IARC Global Cancer Observatory[EB/OL].[2020—01—01].

突发公共卫生事件应对中的风险监测预警及启示

人民生命安全是国家安全的基石、安邦定国的重点、社会运行的稳定器。人民健康是民族昌盛和国家富强的重要标志，是人民群众的共同追求。21世纪以来，SARS、人感染H7N9禽流感、中东呼吸综合征（Middle East respiratory syndrome，MERS）等新发突发传染病疫情频发，H1N1猪流感、西非埃博拉出血热、寨卡病毒病和新型冠状病毒感染等重大公共卫生事件接连不断，导致全球性的人道主义危机。力争把危机消灭于萌芽状况或将危害减少到最小限度是预警管理的第一要务。一个完善的公共卫生事件应对体系要从组织结构、管理系统、法律体系等方面来构建。自从2003年SARS疫情以后，为加强突发公共卫生事件危机预警管理，国家积极推进应急管理体制、应急管理机制、应急管理法制和应急预案的“一案三制”建设。中共十八大以来，国家完善了以“一案三制”为基本框架的突发公共卫生事件应急管理体系，组织结构得以优化，风险治理的专业化水平不断提高，监测预警体系不断加强。

一、突发公共卫生事件的内涵

公共卫生体系的建设需要国家、社会、团体和民众的广泛参与，需要社会全体成员共同努力，改善环境卫生条件，预防控制传染病和其他疾病流行，培养良好的卫生习惯和文明的生活方式，达到预防和控制疾病、促进人民身体健康的目的。公共卫生事件是指已经发生或者可能发生的、对公众身心健康造成或者可能造成重大损害的事件，包括重大传染病、群体性不明原因疾病、重大食物中毒和职业中毒及自然灾难、事故灾难或危害社会安全的公共卫生事件。其对公众健康的影响表现为即时性损害的直接危害和继发性的间接危害，如公众恐惧、焦虑情绪，对社会、政治、经济产生影响。突发公共卫生事件成因多样、危害复杂，需要各部门、各专业间的综合治理。

重大突发公共卫生事件应急处置过程中，实际工作的效率、遇到的阻碍、引发的舆论往往能体现社会问题，对国家安全产生深刻影响。人口、货物的远距离频繁流动，也使新旧传染病威胁变得愈发严重。如何能提前预防、及时发现和有效应对突发公共卫生事件的发生，成为21世纪需要认真思考的重大课题。

二、突发公共卫生事件早期监测预警起到关键性作用

2003年以来，我国初步形成了以应急能力为核心、以制度体系为保障、以基础建设为支撑、以社区公众为基础的突发公共卫生事件应急体系。逐步形成了以突发公共卫生事件管理信息系统和舆情信息监测为主，部门间信息交流通报、法定传染病监测、各类疾病及健康危害因素监测、症状监测、实验室监测及全国统一举报电话为辅的突发公共卫生事件监测网络。建立了包括法定传染病报告信息管理系统、突发公共卫生事件管理信息系统、公共卫生网络舆情监测系统等在内的公共卫生监测体系。制定了《突发公共卫生事件与传染病疫情监测报告管理办法》《国家突发公共卫生事件相关信息报告管理工作规范》等规范性文件。作为应急准备和事件应对的首要和基础环节的检测体系，为我国突发公共卫生事件的发现和处置发挥了巨大作用，且逐渐形成了一套相对成熟的突发公共卫生事件监测与风险评估机制。横向到边、纵向到底的法定传染病个案和突发公共卫生事件的网络直报系统，提升了传染病疫情报告的及时性。通过这两个系统，每年报告全国700万左右的病例个案信息和1700起左右的传染病暴发事件，对于传染病疫情的早期预警和应对有积极影响。

2003年SARS疫情改变了中国卫生应急体系。中国疾病预防控制中心牵头设立重大传染病哨点监测系统，在全国31个省份设立了1500余个国家级监测点，对27种传染病开展主动监测。该监测系统服务于特定传染病的防控目标，主要满足病例报告、样本收集、病原分布与病原变异监测的需要。以全国流感哨点监测系统为例，该系统包括500家以上国家级流感监测哨点医院和400家以上网络实验室，覆盖所有地市级城市，可实时监测全国流感活动水平，实时追踪流感病毒变异，及时发现新型流感病毒并做出预警，还可以为每年流感疫苗株的推荐及抗病毒药物的使用提供依据。

三、加强风险研判，提高早期预警效率是重中之重

需要加快数据共享、事件通报和预警发布。完善传染病疫情和突发公共卫生事件监测系统，改进不明原因疾病和异常健康事件监测机制，提高评估监测敏感性和准确性，建立智慧化预警多点触发机制，健全多渠道监测预警机制，提高实时分析、集中研判的能力。因此，“十四五”期间，除完善、改进、提高现有公共卫生监测体系、机制和能力外，要建立智慧化预警多点触发机制，加强公共卫生事件处置能力建设。

四、多点触发的监测预警是实现科学决策的有力支撑

在突发公共卫生事件应对处置过程中，往往需要基于有限的信息紧急做出决策。

决策者获得信息的及时性、信息来源的多样性、信息的完整性和信息的真实性，都有助于决策者对事件发生的现况、可能的原因、态势发展的可能性和后果的严重性做出有效判断。

2003年SARS疫情后建立公共卫生监测体系，其初衷主要是针对我国法定传染病、常见疾病等聚集性“苗头”进行预警，但其监测内容、方法和数据相对单一，报告管理流程复杂，容易受到专业人员报告积极性、政府和行业管理部门行政干预等影响，因而疾病的自然和社会因素监测预警作用发挥不够。我国的新发传染病疫情或不明原因疾病暴发，如H7N9、三聚氰胺等异常健康事件均不是通过现有的监测体系首先发现的。这从一个侧面反映目前对于罕见疾病、不明原因疾病和异常健康事件等信息的发现和报告功能总体规划不足。

信息是研判的基础。我国现有监测系统主要包括卫生健康部门的传染病疫情网络直报、食源性疾病监测、突发公共卫生事件报告、呼吸道和肠道等综合征监测、部分公共卫生实验室检测网络、12320热线舆情监测系统，以及海关、农业农村、自然资源、教育等部门的相关监测系统。在现有数字化系统的基础上，整合多个信息来源渠道、多个学科及多利益相关方，通过统一及一体化的系统设计，多部门协同构建多点触发的监测预警信息平台可以促进信息交流，是实现科学决策的有力支撑。这样一来，可以有效地缩短各部门、机构、各层级、各区域间信息传递的时间，减少信息的传递流程，最大限度地保留信息的完整和真实，避免在转述过程中的误读。而基层医疗卫生机构作为多个信息系统的责任报告单位或信息收集者，也可以减少多系统重复填报工作，既实现信息的自动报送，又避免了额外的工作负担。

五、“一案三制”与能力建设是精准研判的基础保障

信息平台是通过硬件设施解决监测预警、风险研判中需要的信息源问题，但仍需通过“一案三制”及能力建设来保障信息的及时报送和科学解读。

（一）加强监测预警制度体系建设，是保障精准研判的综合体现

尽管卫生、农业、林业、海关等各个部门均从各自的部门职责出发，探索性地建立了一些内部监测系统，但现有监测系统分属不同的部门，受部门利益、信息保护、保密要求等因素影响，无法实现部门间信息实时共享及系统内部的数据互联互通和整合分析。《中华人民共和国传染病防治法》《中华人民共和国突发事件应对法》《中华人民共和国食品安全法》等法律法规对重大疫情防控起到了重要指导作用。不过，鉴于颁布时间较早、各法律法规修订周期不同，存在配套实施条例中涉及标准、依据等已作废，有关法律法

规、预案、标准规定的工作程序不清晰，规范要求不衔接，缺乏可操作性的规定等情况，尚未建立责权统一的报告、研判、预警和信息共享机制。在具体实施过程中无法可依或责权不明，不利于迅速启动重大突发公共卫生事件响应。因此，还需要完善应急管理制度，优化细化相关法律法规、预案、标准等，建立持续动态的修订完善工作机制，帮助规范事件、疾病及危害因素监测等报告与通报流程，明确各方各部门的权利、职责和义务，尽量弱化分病种、分行业、分部门等传统行政体制框架下的条块分割状况。同时，细化预警级别，风险研判可到有据可依，更早地发出预警。

（二）信息技术与人才队伍等的建设，是实现早期风险监测预警的硬件基础

监测预警体系的不完善还体现在政研结合不紧密，研究结果转化率不高，监测预警技术相对落后，缺乏长期稳定的专业队伍，人员能力不足，无法满足精准研判、科学决策的需求，与医疗机构联系不紧密等。

1. 监测预警技术相对落后 增强早期监测预警能力，需要多学科融合和强大的科技支撑。现有预警系统于2008年正式运行，平台构架、数据管理、模型构建等技术相对落后，需要人工智能、预警数据模型等新技术的跨专业团队深度参与以实现有效应用。

2. 从事信息监测、风险预警技术人员专业背景单一，人员数量少，队伍并不稳定 应加强相关工作人员的能力建设，定期开展教育培训、演练，总结案例与经验，并开展应用研究，开发风险评估工具，提高工作质量，推进风险研判工作向基层推广应用。

3. 医务人员参与程度低，社会机构参与不足 大部分医疗机构不能实现诊疗、实验室数据和传染病网络直报系统的自动交换，缺乏信息报告激励机制、容错机制和信息反馈机制。科研院所和第三方检测机构实验室检测异常数据、医务人员异常健康事件报告、公众报告及媒体报告监测尚未形成规模。早期监测需要医疗机构与疾控机构能够真正做到紧密的医防结合。应增强疾控机构、医疗机构和政府卫生行政机构的风险意识，吸引并鼓励人才跨学科、跨部门、跨地域融合。

社会各界和全体民众的支持与行动是公共卫生监测的基础，是增强突发公共卫生事件早期风险监测预警最坚实的依托。二十大报告指出，我们“必须坚持在发展中保障和改善民生”。实现好、维护好、发展好最广大人民根本利益，着力解决好人民群众急难愁盼的健康问题，健全基本公共服务体系，完善公共卫生监测预警，妥善处理好突发重大公共卫生事件的紧急响应。

（王霄晔）

参考文献

[1] 周忠良. 国外突发公共卫生事件应对体系比较 [J]. 人民论坛，2020（10）：48-52.

[2] 曾光，黄建始. 公共卫生的定义和宗旨 [J]. 中华医学杂志，2010（6）：367-370.

[3] 周晓英. 新冠肺炎疫情防控中的应急信息管理问题与对策研究 [J]. 图书与情报，2020（1）：51-57.

[4] 胡建雄，刘涛，肖建鹏，等. 广东省新型冠状病毒肺炎输入风险评估与预警 [J]. 中华流行病学杂志，2020，41（5）：657-661.

[5] LI Q，GUAN X，WU P，et al. Early Transmission Dynamics in Wuhan，China，of Novel Coronavirus–Infected Pneumonia [J]. N Engl J Med，2020，382（13）：1199-1207.

[6] XIONG L，HU PY，WANG HC. Establishment of epidemic early warning index system and optimization of infectious disease model：Analysis on monitoring data of public health emergencies. Int J Disaster Risk Reduct. 65（2021）102547.

移动健康助力慢性病营养管理

移动健康（mHealth）是指使用移动设备或无线技术来实现健康目标的服务方式。互联网和信息技术的进步打破了健康管理时空限制，促进了健康管理与智能技术的跨界融合，为患者提供基于互联网和信息技术的智能健康管理支持，为“互联网+”智能健康管理模式的发展提供了坚实基础。移动健康管理已应用于血压管理、心理调节等领域。营养管理是慢性病管理的重要部分，一些研究利用移动健康的措施，对膳食进行线上的指导、评估与反馈，从而帮助人培养健康的饮食习惯。本文将着重讨论目前移动健康助力慢性病营养管理的方式，并讨论如何在实际应用中充分发挥移动健康的优势，以提高干预的效果及用户体验。

一、我国面临巨大的慢性病管理需求

我国慢性病患者人数在不断扩大。慢性病不仅具备致死率高、致残率高的特点，还对患者的心理健康、生活质量、家庭和社会带来沉重的负担。因此，有必要通过有效的举措推进慢性病综合防控，促进居民早预防、早发现与早干预，倡导健康与文明的生活方式。

慢性病是多因素作用的复杂结果，主要的影响因素包括性别、年龄、遗传、生活方式、经济水平、社会心理因素等。这些因素相互影响，综合影响个体的健康状况。一个人既要改变生活方式，又要养成积极的社会心态。健康的生活方式，如合理营养与科学运动，可以帮助个体维持好的身心状态，预防与控制慢性病的发生发展，缓解症状。生活方式的干预有利于预防疾病的发生，控制疾病的发生发展，并协同提升治疗效果。

传统上，健康管理通常要通过面对面随访、教育和咨询的方式来完成。这就需要配备足够的人力和物力。医疗效率受到时间、空间和政策等多种因素的制约。在就诊时间限制下，面对面收集到的信息有限，难以提供个性化用药建议和手术方案，对患者生活方式方面的建议常被忽略。此外，传统的面对面的医疗服务又涉及场所成本、交通成本和时间等。从干预的可持续性上，在传统的健康管理中，患者有时会因为时间或地点不方便、遗忘、缺乏正反馈等原因中途放弃，影响到干预的可持续性和疗效。因此，不断优化传统健康管理的方式，以针对性解决既往传统健康管理方式的弊端，以提高效果和用户体验。

二、移动健康带来新的机遇和可能

伴随着新技术的发展，传统的健康管理中的一部分内容的执行方式发生了转变。越来越多的线上健康调查工具（如电子医疗系统）用于医疗信息收集。在收集到医疗数据结果后，系统能够根据已有的知识素材对基本的数据进行预判，辅助诊疗。在诊疗阶段，线上诊疗让医疗资源相对落后地区的居民也可以享受到专家的医疗建议。此外，医疗专家可以通过图文或直播等各种形式进行线上科普宣传，扩大了影响的覆盖面。可穿戴设备提供运动、睡眠、心率等方面的行为和/或健康的数据，经过自动处理后给予用户提醒。不同的社交平台上交换信息、相互沟通等，让传统的健康管理主动或被动地发生了潜移默化的转变。特别是在新冠疫情期间，远程医疗充分展现了其优势，能够为慢性病患者提供多样化的线上临床和护理服务，极大地提高了医疗资源的利用率，并降低了患者在医院治疗期间发生交叉感染的风险。另外，还为互联网诊疗和主动健康管理模式提供了新的发展机遇。

移动健康以不同参与程度作用于健康管理全程，如使用智能设备采集心率、步数等信息，可以作为了解用户在健康管理中的重要过程指标。借助这些指标体系的测量，如通过步数判断身体活动是否达标，心率可以辅助判断运动强度等来了解用户和患者依从性，以便精准制订健康干预方案。此外，通过手机进行知识推送，让用户充分利用碎片化时间、小程序打卡来完成当日学习过程的记录，并通过系统的设置来对用户进行信息反馈。

整体看来，移动健康提高了健康管理的效率和效益。这种方法对于提高居民健康管理能力与意识、依从性等方面都有益处。在政策方面，我国对移动健康非常重视。《中国防治慢性病中长期规划》（2017—2025年）指出应促进移动健康发展；2020年，国家卫生健康委与国家医疗保障局、国家中医药管理局等联合发文，指出“互联网+医疗健康”发展应逐渐形成部门间协同，上下联动，综合发挥健康管理的作用。

移动健康可能有效改变患者的依从性、健康知识与态度、生理与心理状况。2016年，Janet在代谢综合征患者中进行了研究，结果表明，患者进行远程运动指导的依从性优于常规运动指导的依从性。在移动健康发展初期，研究的规模普遍较小，关注的指标多为依从性指标。McManus的试验结果显示，移动健康能够更有效降低患者的血压水平，提高成本-效益比。Vedaa等研究显示，移动健康可有效改善患者失眠相关情况。当然，移动健康干预研究结果与干预方法的设计、执行情况、时间、人群等多方面因素有关。通过有效的设计与实施，移动健康对于健康管理有积极效果。特别是在体重管理、血压控制、心理干预、血糖控制等方面，已经有成功案例。

三、移动健康助力营养管理的方式与方法

慢性病的影响因素包括年龄、性别、文化水平、个人生活方式和社会心理因素等。在慢性病预防和治疗的各个阶段，有不同的健康管理需求。以营养膳食因素为核心的生活方式管理是重要内容。目前，移动医疗应用程序在改变行为以改善慢性病预后方面的有效性的证据有限，需要研究特定疾病营养应用程序在健康行为改变有效性方面的可持续性。

在移动健康对营养干预的方面，2022年牛津数字医疗团队通过持续9周的包括基于互联网的目标设定、自我监测、行动计划及健康和环境反馈的干预，使研究对象有效减少了红肉摄入，并提高了知识水平。膳食营养因素可按食物种类、营养素、膳食模式、饮食行为和食物环境等多方面考虑，移动健康的方法也已经逐渐运用于营养管理的各个方面。

首先，在信息收集方面，智能移动设备为膳食信息收集及膳食摄入判断提供便利。用户可以通过手动输入、拍参照物、智能膳食餐盘、在线问卷等方式收集食物摄入信息，并通过手机程序中预设的食物标签及膳食营养数据进行计算，最终获得用户各种营养素摄入情况。然后，在膳食评估方面，此类程序可协助用户及营养指导人员了解其膳食摄入情况，便于及时进行膳食调整，进而降低健康相关膳食风险因素的发生。另外，营养干预不仅体现在膳食的改变上，还包含更为广泛的吃动平衡的概念。移动设备可通过手动输入或收集智能手环、手机、智能运动器械等设备中用户运动时间及运动强度，根据各运动类型对应身体活动强度计算用户身体活动指标，并进行及时反馈。此外，应用程序可在身体活动不足情况下提醒用户进行活动，也可在进行剧烈身体活动时提醒进行伸展运动，注意运动安全。

四、对策建议

（一）移动健康应用于营养干预的科学性有待加强

移动健康在营养干预中的运用涉及广泛，包括患者、医务工作者、政策制定者、企业等。多方携手，移动健康才能有更好的发展。市场上不同类型的健康管理App、小程序和移动可穿戴设备蓬勃发展，但它们的设计是否科学，实际应用到人群中是否有科学评估等仍存在问题。商业导向、科学导向、健康与使用导向之间要协调一致。新技术要快速、科学、合理地应用到移动健康营养干预领域。

（二）移动健康在营养领域中的应用范围有待扩大

移动健康干预的证据主要针对心血管疾病，如高血压、肥胖和糖尿病，以及心理健康、基于网络的认知行为疗法。政府、专家团队和企业应关注到更为广泛的人群健康问题，使用移动健康助力营养管理方式促进更多疾病的预防与治疗。

（三）移动健康相关的健康公平性值得被关注

不少可穿戴设备的销售促进了移动健康服务的开展。这些用户多为有一定消费能力，且对于新的科学技术接受程度比较高的年轻人群。需要考虑让更广泛人群能用到这类技术与产品。此外，作为对人力物力要求相对更自由的技术和方法，移动健康不仅需注意健康公平性，更应利用移动健康促进健康公平，推动更多人群获得更大健康益处。

（四）加强移动健康与传统健康管理的结合

在不同类型的营养干预研究中，如何充分发挥移动健康的作用是一个还未被充分解决的问题。移动健康与传统的健康干预并不是对立的关系，而是一种新形式的传承。利用传统健康干预的经验与积累，更好地规范和提高移动健康干预的方法，在必要时采用线上线下协同合作的新形式，根据用户的意愿进行个体化调整。利用移动健康也是传统健康干预继承和弘扬的新渠道，提升传统健康干预素材的影响力。

（五）调动跨学科的力量，促进移动健康的发展

移动健康在营养领域中的应用本身是一个跨学科问题，公共卫生、临床医学、社会学、心理学等应团结协作。

研究者应探究有效的干预范式、评估方法、标准及指南等，解决移动健康在营养领域中的应用问题，形成示范效应，推动行业发展。企业应努力打磨更高质量、更有针对性且好用的产品与专业团队。用户应积极学习如何选择、获取移动健康技术与方法，增强个人的营养管理也需要被考量。只有全社会共同努力，才可以让移动健康真正有效助力营养管理，促进全民营养与全人健康。

（池睿欣）

参考文献

[1] 国家卫生健康委疾病预防控制局. 中国居民营养与慢性病状况报告（2020年）[M]. 北京：人民卫生出版社，2021.

[2] 王丽敏，陈志华，张梅，等. 中国老年人群慢性病患病状况和疾病负担研究[J]. 中华流行病学杂志，2019，40（3）：277-283.

[3] WHO. Recommendations on digital interventions for health system strengthening [R]. 2019.

[4] WANG H，YUAN X，WANG J，et al. Telemedicine maybe an effective solution for management of chronic disease during the COVID-19 epidemic [J]. Prim Health Care Res Dev，2021，22：e48.

[5] VEDAA Ø，KALLESTAD H，SCOTT J，et al. Effects of digital cognitive behavioural therapy for insomnia on insomnia severity：a large-scale randomised controlled trial [J]. The Lancet Digital Health，2020，2（8）：e397-e406.

[6] ARAYA R，MENEZES P R，CLARO H G，et al. Effect of a digital intervention on depressive symptoms in patients with comorbid hypertension or diabetes in Brazil and Peru：two randomized clinical trials [J]. JAMA，2021，325（18）：1852-1862.

[7] FU Z，BURGER H，ARJADI R，et al. Effectiveness of digital psychological interventions for mental health problems in low-income and middle-income countries：a systematic review and meta-analysis [J]. The Lancet Psychiatry，2020，7（10）：851-864.

[8] AOVARE P，ABDULAI K，LAAR A，et. al. Assessing the Effectiveness of mHealth Interventions for Diabetes and Hypertension Management in Africa：Systematic Review and Meta-Analysis [J]. JMIR Mhealth Uhealth，2023，11：e43742.

[9] SALAS-GROVES E，GALYEAN S，ALCORN M，et al. Behavior Change Effectiveness Using Nutrition Apps in People With Chronic Diseases：Scoping Review [J]. JMIR Mhealth Uhealth，2023，11：e41235.

[10] FRIE K，STEWART C，PIERNAS C，et al. Effectiveness of an Online Programme to Tackle Individual’s Meat Intake through SElf-regulation（OPTIMISE）：A randomised controlled trial [J]. European Journal of Nutrition，2022：1-12.

第四部分

运动与健康文化

运动文化：生命文化的深刻映照与践行路径

本文从生命文化视角深入剖析运动文化，揭示其本质特征、价值及践行路径。运动文化贯穿于人类生活，与生命的产生、存续和发展紧密相连。本文通过阐述运动面临的困境、克服困难养成运动习惯的方法、目标设定与任务完成的策略及运动文化对个人和社会的影响，旨在为推广积极健康的运动文化提供理论与实践指导，推动社会的健康和谐发展。

一、引言

独树一帜的运动文化深深融入人们的日常生活与精神世界。生命从诞生之初，就与运动结下不解之缘；运动是生命诞生的前提，是生命维持的基础，更是生命发展的动力源泉。从细胞的微观运动到人类宏观的身体活动，运动贯穿生命的始终。运动文化涵盖了人们对运动的认知、态度、价值观及相关实践活动，是人类对运动多维度追求的集中体现。深入探讨运动文化的内涵与特征，有助于我们更好地理解其在人类生活中的重要作用，进而推广和普及积极健康的运动文化。

二、体育运动的困境：人性与物理规律及惰性的博弈

运动文化包含对运动多层面的理解，涉及个人对运动的态度、社会的价值取向及与之相关的实践活动。它不仅囊括体育运动中形成的价值观念、精神风貌和道德规范，还涵盖运动知识技能的传承与物质设施的支撑。体育运动作为满足人们精神需求的休闲娱乐文化，以身体运动或观看竞技比赛为主要手段。然而，在现实生活中，人们在运动方面面临诸多困境。

从物理学角度看，熵增是一个自发的由有序向无序发展的过程，它反映了事物的一种自然倾向。类比到人性上，惰性就如同熵增，使人们倾向于保持现状，避免过多的能量消耗。例如，办理了全年健身卡却很少使用，这是因为人们在面对运动时，容易受到人性惰性的影响。与物理学中的熵增不同，人类社会可以通过积极的行为实现逆熵增。学习、锻炼、创作等活动都是人类对抗惰性、实现自我提升的方式。但这一逆熵增过程充满挑战，需要克服恐惧、拖延和懒惰等人性弱点。这些弱点的根源在于信念不坚定、追求不执着及抗压能力欠缺。一旦遇到困难和挫折，人们很容易动摇，

选择逃避和退缩，这极大地阻碍了个体和群体追求更好的自我。

三、克服惰性，养成习惯：重塑运动本能

体育运动虽常被视为与追求舒适的本性相悖，但实际上它是人类的本能之一，对维持身体健康和提升活力至关重要。即使保证充足的睡眠和合理的饮食，缺乏运动也不能称为积极的生活方式。

运动体现了对生命的尊重和保护，是唤醒身体本能运动的思想存在。然而，在快节奏的大城市中，人们因工作、学习、家庭等原因难以抽出时间运动，从而忽略了运动对健康的促进作用。运动现象既受文化影响，也反映人性的特点和需求。在运动中，人们会遇到各种困境和挑战，如缺乏毅力，但正是这些挑战促使人们不断挑战自我、突破极限，实现自我发展。

为了克服人性的惰性，培养运动习惯至关重要。首先，应设定切实可行的目标，并制订具体的运动计划，使运动成为可持续的生活方式。例如，每周设定固定的运动天数和运动项目，将长期目标分解为短期小目标，逐步实现。其次，要克服运动中的困难，合理安排时间，坚持不懈。可以利用碎片化时间进行简单的运动，如步行上下楼、午休时间进行拉伸。最后，加强运动文化的宣传和教育，通过社交媒体、社区活动等多种渠道，让更多人了解运动的重要性和价值。

四、设定目标，分解细化：逐步进阶、持续频度、健康投资的智慧

人生是一个持续投资与收获的过程，对健康的投资尤为关键。设定明确、具体的目标是实现健康投资的重要一步。设定目标要具体且现实，明确的目标更易实现，并能带来更多快乐。将“变得更健康”细化为“每天吃3份水果和蔬菜，每周锻炼3次”，这种具体的目标更具可操作性。

将大目标分解为若干小目标，每个小目标都是通向最终目标的阶梯，需要逐步完成。在追求目标的过程中，要不断自我提问：需要做什么？需要谁帮助？每个阶段应在何时完成？这样的自我提问有助于更好地规划和行动。同时，要充分认识到过程的重要性，不能只追求速度而忽视过程，应按照事物本身的规律循序渐进，通过量变达到质变。

运动作为健康投资的重要组成部分，对生命文化和运动文化的践行有着深远影响。它不仅能促进身体健康，还能带动和影响周边人群，推进健康关口前移。

五、坚持规律运动对个体和社会的积极影响

（一）对个体的影响

运动文化对个体有着深远影响。通过参与运动，个体能够增强身体素质，提高抵抗力，为健康生活奠定坚实基础；运动能促进心理健康，缓解压力，提升生活质量；运动能培养个体的意志力和毅力，增强抗压能力，使个体在面对困难和挑战时更加坚强和自信；运动还能提高个体的社交能力和沟通能力，拓展社交圈子。

（二）对社会的影响

运动文化对社会的影响同样不可忽视。推广和普及运动文化可以促进社会整体的健康水平，提高人民的生活质量和幸福感；运动文化能促进人与人之间的交流和互动，增强社会凝聚力和向心力；运动文化还能培养人们的公平竞争意识，促进社会的公平竞争及和谐发展。

六、坚持频度运动，践行生命文化：生命意义的深度追寻

生命文化是人类对生命本质的深度探索与尊重，是个人成长的基石和社会和谐的纽带。运动作为一种独特的人类活动，承载着生命的哲学思考，是践行生命文化的重要方式。

在自我成长过程中，生命文化的实践促使人们进行深刻的自我反省。通过自省，审视自己的内心世界，发现不足并寻求改进，在专业技能、情感、道德等方面得到升华，成为更加完善的人。

运动为生命文化的实践提供了独特平台。在运动中，人们锻炼身体，结交志同道合的朋友，体验纯粹的友谊与内心的共鸣。运动中的坚持与挑战，让人们体验到生命的无限可能，在追求目标的过程中实现自我价值的升华。运动所传递的乐观、自信、积极的人生态度，对社会产生深远影响，激励人们勇往直前，共同营造和谐美好的社会环境。

七、结语

运动文化与生命文化紧密相连，运动文化是生命文化的具体体现和重要践行方式。通过克服运动中的困境，养成运动习惯，合理设定目标，我们不仅能实现个人的成长与发展，还能促进社会的健康与和谐。推广和普及积极健康的运动文化，对于提升人

类的生命质量、实现生命的价值具有重要意义。未来，应进一步加强运动文化的研究与实践，让运动文化更好地融入人们的生活，为社会的进步注入更多活力。

（朱　波）

参考文献

[1] 王水泉. 运动文化论的源流 [J]. 体育科学，2014，34（12）：72-84.

[2] 杨万森，杨万林. 体育运动文化论 [J]. 齐齐哈尔大学学报（哲学社会科学版），2004，（3）：15-16.

[3] 高永强. 论体育文化需要与人的发展 [J]. 北京体育大学学报，2015，38（3）：40-45.

[4] SMITH J. Research on the Utilization Rate of Fitness Cards. Journal of Sports Economics，2018，25（3），35-45.

[5] JOHNSON A. The Impact of Goal-Setting on Exercise Adherence. Journal of Health Psychology，2019，30（2），25-36.

[6] BROWN L. The Relationship between Specific Health Goals and Physical Fitness Improvement. Health Research Quarterly，2020，45（4），45-56.

[7] GREEN M. The Combination of Audiobook Listening and Exercise：Effects on Knowledge Acquisition and Exercise Persistence. Journal of Multidisciplinary Research，2021，15（3），30-42.

[8] WANG Y. The Influence of Exercise on Mental Health：A Meta-analysis. Journal of Psychiatry Research，2017，40（2），15-25.

[9] LI H. The Role of Community-based Fitness Activities in Enhancing Social Cohesion. Community Development Review，2019，22（3），35-45.

以自然之道养自然之身的运动观浅谈

《"健康中国2030"规划纲要》明确指出，加强体医融合和非医疗健康干预，推动形成体医融合的疾病管理与健康服务模式。推动人人参与、人人尽力、人人享有，落实预防为主，推行健康生活方式，减少疾病发生，强化早诊断、早治疗、早康复，实现全民健康。《中华人民共和国体育法》提出，深化体卫融合，倡导主动健康理念，普及运动促进健康知识。"生命在于运动"，这种"运动"包含身体、精神世界两种运动，是双重生命的良性互动，生命的力量源自于精，但外在体现为动。本文将围绕运动促进健康的理论与实践，解读运动对身心健康的积极作用，洞鉴常见体育运动方式的文化内涵。

一、运动有益，身心和谐

《柳叶刀·全球健康》曾发布一项描述性研究结果，适度的运动锻炼可预防过早死亡。

中医理论认为，运动可使全身气机条达、身心愉悦、血脉流通，进而使人不生疾病或少生病。现代医学则分析出适量的运动可让人更加青春有活力。肌肉在运动中变得发达有力，骨骼在运动中变得坚强和结实。可见，运动锻炼，特别是低强度、简便的有氧运动，不仅可以改善心情、促进消化，更是平衡压力的良方，在促进健康、身心和谐方面有诸多功效。

（一）和缓运动可以促进消化，强壮骨骼

研究表明，餐后散步可以帮助消化，控制血糖水平。一些负荷训练，如深蹲或引体向上可以有效增加骨骼强度，步行也可以增进骨骼强壮。研究指出，骨相关激素、钙、维生素D可决定3%～10%的骨强度，而运动对骨强度的影响可达40%。这一理论可以解释为什么久卧病床，或多数肌肉衰退性疾病患者，即使补钙也无法阻止骨质减少的现象。运动锻炼可增强骨承受负荷及肌肉牵张的能力，结合使用骨合成性药物等，可达到刺激骨生成，恢复被丢失的骨质及维持一定骨强度水平的目的。可见，补钙结合适当的负重运动，是防止骨质疏松有效的方法。

（二）有氧运动可以调节心脏

运动锻炼，特别是有氧运动，可以提高心血管血液的输出量，增强心肌的收缩力，改善全身的血液供给。全身的血管也在运动中得到有节奏的收缩和扩张，弹性增强，减少动脉硬化。虽然在运动中心脏为了使身体得到足够的血液供应，心跳加快，以便在单位时间内搏出更多的血，但当运动停止以后，心跳反而比正常为慢，而这种慢心率对健康长寿大有益处。运动是心血管疾病治疗和康复的重要手段，其通过降低衰老相关心血管疾病危险因素，使心血管结构重塑和心脏抗损性增加，促进心血管健康衰老。

（三）运动可以改善情绪

从事脑力劳动的办公室人群可利用午休时间去散步，呼吸新鲜空气，不仅有益于清理头脑，还有利于情绪健康，是很好的身心排毒方式。运动可以改善情绪，促进心理健康，而内在心灵对于身体也有很强的健康促进作用。

二、运动有术，古今传承

在中国古代哲学体系中，人体活动的能量来源于气血。而其中“气”又是维持生命的基础，锻炼身体被称为“养气”。在先秦时期，古人就发现了保持身体素质，在预防疾病方面的作用，通过运动锻炼调节体内的气血循环，使其达到自然和谐的程度。古往今来，国内外已经有很多的运动项目，有些甚至沿用至今。我们不妨学习古人以温和有趣的方式来锻炼身体，同时注重内心境界的提升，这样才能够真正拥有更加健康的生活。

（一）瑜伽，修身养性的哲学

瑜伽是一项修身养性、塑形的运动。与年龄的大小、筋骨的软硬皆无关系，在瑜伽基础这方面，很多技能学习都是从无到有的过程。体式只是瑜伽的一部分，通常需要结合呼吸法及冥想、哲学。练习的时候每一个步骤串联起来都是享受。

（二）射箭，君子之道的技能

射箭在中国是一项历史悠久的体育运动，古代君子除要具备“仁、义、礼、智、信”五德外，还要通晓“礼、乐、射、御、书、数”六艺。唐宋时期，射箭运动在民间广泛开展，庙会、社火等集会时常有射箭比赛和表演。多分为步射和骑射，有固定箭靶，也有流动箭靶，甚至需要在马上完成各种动作并准确射中靶心，以赢得围观者的喝彩。值得一提的是，唐代宫廷中的女子也能骑射，王建的《宫词》中的“射生宫女宿红妆，把得新弓各自张”，卢纶《宫中乐》中的“行遣才人斗射飞”，都是在描述巾帼不让须眉的射术，展现了不同的宫廷生活和人物心境

三、运动有度，习惯成自然

法国思想家伏尔泰的“生命在于运动”朗朗上口，深入人心。我们平时应如何运动，既能符合自然规律，又能达到身心健康的目的呢？

（一）动静结合，相得益彰

运动时，一切顺乎自然。动于外而静于内，进行自然调息、调心，神态从容、摒弃杂念、神形兼顾、内外俱练。在锻炼过程中内练精神、外练形体，使内外和谐，体现出“由动入静”“静中有动”“以静制动”“动静结合”的整体思想。

（二）持之以恒，方得成效

人贵有志，学贵有恒。运动需要的是毅力、持之以恒。科学合理的运动才能有效提高人体的新陈代谢，使各器官充满活力，从而推迟各器官的衰老，使人年龄虽老而活力依然、精神飒爽。如果因为工作忙，难以按原计划坚持，可以每天挤出几分钟时间进行锻炼，重在养成锻炼的习惯。

（三）运动适量，过犹不及

《黄帝内经·素问·经脉别论》曰：“春秋冬夏，四时阴阳，生病起于过用，此为常也。”孙思邈在《千金要方·道林养性》中有言：“养性之道，常欲小劳，但莫大疲，及强所不能堪耳。”这句话的意思是，养生的方法在于经常让身体适度劳作，但不要过度疲劳，也不要勉强去做力所不能及的事情。这就告诫人们，凡事都要有“度”，超过了身体所能承受的“阈值”，就会对身体不利，久而久之就会生病。

如果运动以后，食欲减退、头晕头痛、精神倦怠，说明运动超过了机体耐受的限度，会使身体因过劳而受损。通常，以每次锻炼后感觉不到过度疲劳为适宜；若运动量大，心率及脉率就会加快。对于正常成人的运动量，以每分钟心率增加至140次为宜；而对于老年人，以心率每分钟增加至120次为宜。

（四）顺应自然，循序渐进

人是自然的一部分，人本身是一个整体，人与自然界也是一个整体，即天人合一。自然界有“春生、夏长、秋收、冬藏”的规律，人也要适应自然界，在不同的季节、不同的气候条件进行不同的运动，才能让身体与自然相适应。比如春天，此时最有利于吐故纳新、充养脏腑，可以放风筝、踏青。

运动锻炼时，运动量宜由小到大，动作由简单到复杂。比如跑步，刚开始时要跑得慢些、距离短些，经过一段时间锻炼后，再逐渐提高跑步的速度和距离。

（五）运动时间，因时制宜

早晨到室外空气清新的地方进行运动锻炼，可把积聚在身体内的二氧化碳排出，促进新陈代谢，为一天的工作打好基础。此外，午睡前后或晚上睡觉前也可进行运动，以消除一天的紧张，轻松地进入梦乡，但运动不要太激烈，以免引起神经系统兴奋，影响睡眠。总之，许多运动锻炼随时都可以做，都是有益的。但不要在吃饭前后进行剧烈运动。在饭前运动，易发生低血糖；在饭后运动，不仅影响消化，还可引起胃下垂、慢性胃肠炎等疾病。

（六）运动项目，因人而异

老年人由于肌肉力量减退，神经系统反应较慢，协调能力降低，宜选择动作缓慢柔和、肌肉协调放松、全身能得到活动的运动，如步行、太极拳、慢跑。而对于年轻、身体好的人，可以选择运动量大的锻炼项目，如长跑、打篮球、踢足球。此外，可以结合自己的工作内容选择适合的运动，如售货员、厨师要长时间站立，容易发生下肢静脉曲张，要避免过多的跑跳运动，多进行仰卧抬腿；经常伏案者，可以扩胸、仰头。总之，运动锻炼的选择，既要符合自己的兴趣爱好，又要适合身体条件。

运动是一把双刃剑，使用得当，促进健康，延年益寿；使用不当，反而于健康不利。《三国志·魏书·华佗传》中，东汉末年名医华佗对他的学生吴普说：“人体欲得劳动，但不当使极耳。动摇则谷气得消，血脉流通，病不得生，譬犹户枢，终不朽也”。人的身体需要适当的运动，但不能过度劳累。通过运动，可以帮助消化食物（谷气得消），使血脉流通，从而减少生病的机会。这就好比门的转轴，因为经常转动而不会朽坏。

总之，运动的意义在于健康促进及身心塑造。健康的运动应尊重自然，顺应自然规律。宜养成良好的生活习惯，坚持最适合自己的健康运动。

（陆　岩）

参考文献

[1] 杨梅. 亚里士多德谈运动:《物理学》中的运动观阐释［J］. 西部学刊，2024（8）: 148-151.

[2] 崔乐泉. 动以健身的古代体育运动观［J］. 人民论坛，2023（14）: 110-112.

[3] 李敏，冯梦雅，冯梓航，等. 运动促进心血管健康衰老［J］. 生理学报，2023，75（06）: 887-902.

[4] 王佰玲，张国芳. 黄金十年，智慧选择［M］. 北京：中国商业出版社，2015: 397-397.

跑步对心理健康的多维度影响分析

近年来，随着人们生活水平的提高和健身意识的不断增强，跑步逐渐成为一种受不同年龄人群欢迎的运动方式。跑步对于缓解焦虑和抑郁情绪、增强压力应对能力，以及提高自我认知和自尊方面具有显著影响。长期坚持跑步的人的心理健康水平普遍较高。跑步能够增强人体的肌肉耐受力、柔软度与心肺功能，能够明显降低亚健康群体低落、烦躁等心理健康疾病的发病率。跑步可以增强个体的心理韧性，使人们更好地应对生活中的压力和挑战。另外，跑步也具有一定的社交效应，有助于提高社交自信心和人际交往能力。

一、心理健康和跑步的相互作用

心理健康和跑步是一种双向的关系，跑步者的心理健康状况会影响他们对跑步的态度，而跑步本身也能影响个体的心理健康水平。

第一，心理健康会影响一个人对跑步的态度。心理状况良好的个体更具备去迎接挑战的精神品质，他们能够承受更多的身体疲劳，在跑步过程中，能够准确感知到自己的能力和极限，进而在挑战中提升自我。相反，如果个体的心理健康水平较低，其会在跑步过程中会感到无助和困难，进而影响内心的情绪和积极性，导致身心俱疲。

第二，跑步对心理健康的积极影响能够反过来影响个体对跑步活动的态度和行为。跑步能够提高身体的健康状况，增强自信心，增加身心的愉悦感，减轻压力和焦虑感等，这些积极影响会让跑步者有信心继续跑步，并保持良好的态度和积极性。

二、跑步对焦虑的缓解作用

焦虑症是一种常见的心理障碍，它会对患者的正常生活和工作造成负面影响。研究表明，长跑运动对人的抑郁、焦虑有调控作用。

缓解焦虑症状是跑步对心理健康的一项重要贡献。首先，跑步可以提高机体的代谢率和血液循环，增强人体的功能和免疫系统。通过排泄多余的负面情绪，如焦虑和紧张，跑步可以帮助人们放松心情。其次，跑步还可以影响人体的神经网络结构，提高人体对抗压力的能力，让患者更加自信和积极地面对人生。最重要的是，跑步这种有氧运动可促进生成脑内啡，从而起到缓解压力的作用。

对于焦虑症患者来说，跑步不仅是一种简单的运动方式，同时也是一种易于掌控的运动方式，可以不受其他因素的影响，可以完全按照个人的意愿进行。与许多药物治疗相比，跑步治疗焦虑症的安全性更高，更适合长期使用。由此可见，跑步已成为治疗焦虑症一项非常有效的辅助手段。

三、跑步对抑郁的缓解作用

研究表明，跑步可以大幅缓解抑郁症状，使患者的心情和生活质量得到显著改善。一项研究表明，8周的跑步可以显著减轻患者的抑郁程度，并且持续时间长达6个月或更久。对于抑郁症状较轻的人来说，跑步锻炼效果更佳，甚至可以替代药物治疗。跑步可以提高人体内的多巴胺水平，影响人的情绪、记忆、学习能力，进而产生抗抑郁效应。长期的跑步锻炼还有预防抑郁的作用。此外，跑步可以提高颈动脉内径和血流量，增强脑部血液循环，这对于改善抑郁症状也有一定的作用。

在跑步与药物治疗比较方面，研究表明，跑步不仅能够缓解抑郁症状，且无药物治疗的副作用。

四、跑步与压力应对

（一）跑步对身体应激反应的影响

跑步作为一种有氧运动方式，对身体应激反应有显著的影响。巨烈运动可以引起一系列生理反应，包括肾上腺素和皮质醇的分泌。这些激素的分泌可以提高身体的能量水平，同时还可以刺激人体的代谢过程，从而帮助人体更好地应对挑战和压力。

研究表明，跑步可以有效缓解慢性压力，提高应对急性压力的能力。通过长期进行跑步，身体可以逐渐适应压力，从而更好地应对紧张和焦虑等不良情绪；同时，跑步还可以促进身体内多巴胺和血清素等神经递质的释放，平衡身体神经系统，帮助人们更好地应对各种精神压力。在长时间或高强度的跑步过程中，跑步者可以使用不同的心理应对策略，如积极想象、自我暗示、音乐放松等方式来调节负面情绪，帮助自己更好地达到目标。这种策略的应用可以在很大程度上改善人们的跑步体验，从而更好地实现身体和心理健康。

（二）跑步提升压力应对能力

许多心理学家和运动学家认为，将跑步和心理应对策略相结合，可以更加有效地提高人们的应对能力。跑步可以发掘自己的内心，缓解心理压力，寻找内在的力量，加强对自我的控制感和自信心，人们可以更加从容地应对挑战和困难。

研究表明，跑步可提高身体适应性和心理韧性，帮助人们更好地应对生活和工作中的压力。跑步使身体产生一系列的应激反应，包括心率升高、呼吸频率加快、肌肉收缩等，这些反应在短期内会提高身体的压力水平，但在长期经验的积累下，人体逐渐形成心理和生理韧性，使身体可以更好地应对外界压力。此外，人们在跑步过程中可以通过摆脱外界干扰，调节自己的情绪及专注于目标等方式来提高自己的心理应对能力。

五、跑步对自我认知的影响

自我认知是指一个人对自己内心深处的本性、价值观、能力、需求、情感、行为和个性等方面的觉察和理解程度。研究表明，在跑步时，身体会释放内啡肽、多巴胺等多种神经递质，使人感受到愉悦和快乐，并改善感性认知、空间思维、情感控制等方面的能力，从而有助于更好地理解自我和他人，提高个体的自我感知能力和心理世界的积极性。除此之外，运动有利于形成良好的心理品质，提高人的反应速度和直觉判断力，促进人认知能力的发展。

跑步需要持久的锻炼，而锻炼的过程中需要克服疲劳和困难。经过一段时间的锻炼，个体会慢慢理解并适应自己的身体和各项运动习惯。同时，人体调节功能的不断提升，也会使身体状态和运动时的感受变得更加清晰。随着运动技能的提高，个体能够更加清晰地认识不同身体部位的反应和表现，也能更好地理解自己的身体和运动特点。这种认识的提高也可以转化为对个人自我认知的深入，促进个体对自己内心深处的本性和能力的理解和认识。

六、跑步对自尊的影响

运动对自尊的影响主要体现在运动能够提升躯体自我概念或者躯体自尊（即通过运动能够提升自我形象，并促进自我概念和自尊）。跑步是一种有益于身心健康的运动方式，其对自尊的提升作用备受关注。从心理学角度来看，自尊是人们对自己能力、价值的肯定和认可。许多人感到压力、焦虑、自卑，在不断寻求自我提升的方法。跑步通过促进身心健康，提升自尊。

跑步有利于改善身体状况，从而促进自尊的提升。跑步有助于增强心肺功能，改善身体素质，进而提高身体的抗压能力和适应性。这些改善对于提升自尊有重要的作用。调查表明，经常进行跑步锻炼的人往往更自信、更积极、更具有自我价值感。同时，通过跑步运动中的目标制订、计划实施等过程，有利于锤炼人的自律性和自控能力，对于提升自尊也是非常重要的。

七、结语

长期坚持跑步可以有效缓解负面情绪，促进正面情绪的产生，尤其是在情绪调节方面具有显著作用。此外，跑步还能够减轻抑郁、焦虑症状，提高生活质量，提高心理活力和情绪调节能力。政府和社会各界应更加重视跑步在提高民众心理健康水平方面的作用，为推动人民群众的全面健康发展提供更好的支持和保障。

（孟祥齐）

参考文献

[1] 许瑞平，张晓文，赵广才. 运动改善生理和心理健康的研究进展 [J]. 甘肃医药，2013：28-30.
[2] 刘秀霞，王真真. 跑步参与者涉入程度对幸福感的影响：心理资本和流畅体验的链式中介作用 [J]. 武汉体育学院学报，2021：55-59.
[3] 王红漪. 运动与心理健康研究综述 [J]. 经济研究导刊，2011：330-331.
[4] 迟化. 忍受痛苦快乐永恒–跑步健身苦乐观教育探析 [J]. 北京体育大学学报，2014：11-19.

抑郁症状改善与生命意义提升：运动的作用

随着我国经济发展速度不断提升，生活工作节奏不断加快，人们的心理压力加大，心理疾病增加。体育锻炼是缓解抑郁等负性情绪的有效手段，具有依从性高、不良反应小、效果稳定等优势。运动有助于缓解抑郁症状，规律性运动可预防抑郁症的发生。抑郁症的治疗不仅要从心理治疗入手，适当的体育运动也能改善抑郁症状。恰当的运动可帮助抑郁症患者改善消极情绪，培养乐观心态，提振生活信心。生命意义感对人的身心健康有重要影响，拥有更高水平生命意义感的个体更容易体验到幸福感。提升抑郁症患者的生命意义感有助于改善抑郁症状，减轻内心压力，重拾生活信心。

一、抑郁症的临床表现及诊断标准

抑郁症主要受生理、心理、社会三个方面因素影响。抑郁症是一种以心情低落为主要表现的心境障碍，主要临床表现包括情绪低落，思维迟缓，沉默寡言，不愿与人交流，自我封闭，自卑，不愿参加集体活动，喜欢独处，对日常生活工作没有兴趣，意志活动减退，记忆力下降，注意力无法集中，思维凝滞，有些甚至出现入睡困难、早醒及月经紊乱，并且经常伴有躯体症状，如体重减轻、食欲缺乏、头痛、身体不适等。

目前，我国主要基于《中国精神疾病诊断标准（CCMD-3）》对抑郁症进行诊断，包括症状标准、严重标准和病程标准。症状标准包括：①兴趣丧失、无愉快感。②精力减退或疲乏感。③精神运动性迟滞或激越。④自我评价过低，自责或有内疚感。⑤联想困难或自觉思考能力下降。⑥反复出现想死的念头或有自杀、自伤行为。⑦睡眠障碍，如失眠、早醒或睡眠过多。⑧食欲缺乏或体重明显减轻。⑨性欲减退。当出现以上4个及以上症状，且病程持续2周以上时，即诊断为抑郁症。

二、运动对抑郁症患者的影响

科学、合理、完善的运动能够有效转移抑郁症患者的注意力，消除患者的负面情绪和心理障碍。运动可激发抑郁症患者的积极情绪，缓解生活和工作中的紧张心态，进而帮助抑郁情绪得到有效释放，改善生命意义，为个人重新寻找定位，为实现自我价值提供有效支持。

（一）改善情绪状态

抑郁心态是影响健康生活的阻碍，一旦不能及时、有效化解，容易诱发相应的行为，如自闭、厌世。体育运动在促进抑郁症患者神经系统兴奋性方面发挥重要作用。趣味、合理规律性锻炼可帮助抑郁患者改善消极情绪，明确生活目标，锻炼良好的团队协作能力，提升职业沟通等核心能力，从而服务社会，实现个人价值。

（二）培养坚韧品质

研究发现，适量体育运动对矫正抑郁症患者的心理缺陷有着良好的影响。在体育运动过程中，不同运动项目的规则及文化会促进患者认知水平的提高，有助于培养人与人之间的团结合作、艰苦耐劳和独立自主的意志品质。

抑郁症患者常表现为抗挫能力差、意志力薄弱，很难以最佳心态面对生活工作中的失败，从而影响正常工作生活。多数抑郁症患者还存在一定自卑情绪和厌世心理，缺少明确的人生目标和职业规划。因此，将运动深度融入抑郁症患者的治疗方案中，通过不断完成运动目标，并且引导克服运动中遇到的困难，可以有效改善抑郁症患者的生活态度，培养坚韧品质。

（三）提高生理功能

体育运动可以增强心肺功能，提高血液循环能力，促进机体的新陈代谢。有研究发现，一定强度的运动会促使血液流动加快，进而提高肾上腺素及5-羟色胺的更新速率，保持心情舒畅，降低心境低落出现频率。此外，体育运动在抗抑郁的神经系统机制中还可以提高中枢神经的兴奋性，使中枢神经时刻保持在最佳的唤醒水平，进而保持个体的愉悦感。

三、改善抑郁的运动推荐

药物和心理治疗是普遍的治疗抑郁的方法。体育运动无疑成为一种健康的辅助治疗手段。众多研究数据显示，适当的体育运动量与抑郁改善情况之间呈正相关。学者还明确指出，综合体育运动治疗手段要明显优于单一的药物治疗或心理治疗等方法。

（一）慢跑

慢跑是一项有氧运动，形式简单且易于坚持。研究表明，慢跑不仅能够提高抑郁症患者的体能，还能放大对自身身体的满意度，改善心境和减少应激状态，从而更好地建立自信，形成更正面和积极的心态，显著降低抑郁症的焦虑状态。

（二）瑜伽

瑜伽是一种放松个体神经、肌肉，降低压力的方式，并且做瑜伽的过程如同运动心理学中的自我暗示，通过放松身体以达到心理状态的放松。因此，瑜伽能够帮助抑郁症患者改善自我认知，提升自我概念，减少失眠痛苦等，从而有助于缓解抑郁状态，舒缓心理紧张。

（三）球类运动

球类运动如篮球、足球等团体运动，需要协作配合，增添人际交流和团队协作的机会，可以起到调节心情、缓解抑郁的作用。球类运动作为抑郁症患者的干预治疗手段，能够增加脑血流量，促进内啡肽的释放，从而使人获得镇静和镇痛效果，更有甚者增加人体产生欢乐舒适的情绪，有效改善人的心理健康水平，减少抑郁状态的发生。因此，球类运动对于改善抑郁水平有积极作用，在保证适度适量的前提下，球类运动对于抑郁症状的改善和治疗效果相对其他运动项目更佳。

（四）民族传统运动

太极拳以气养息，运动舒缓平稳，不仅可促进抑郁症患者身体健康，更能促进患者的心理健康，从而身心健康双向强化，消除患者的负面情绪，达到缓解抑郁的最终目的。

四、结语

生命意义感在人经历磨难时发挥巨大作用。追求生命意义和目标是人的基本动机，个体通过提高生命意义感来提升生命质量和价值，进而从精神层面予心灵以慰藉，珍视生命的宝贵。自我决定理论认为，具有支持性的环境有利于提升个体的生命意义感。较高的生命意义感能够减轻抑郁患者的消极情绪，帮助患者重拾生活信心，因此，提升生命意义感对抑郁症患者是可行有效的方式。运动疗法无疑是提升生命意义感的良好选择。对于抑郁症患者，与传统的药物和心理治疗方法相比，对抑郁症患者开展合理的运动训练与引导，在缓解患者抑郁情绪、改善生活状态和提升生命意义感方面效果更加明显，且副作用更小。从运动处方来看，减轻抑郁最有效的方法是有自然节奏及有全身大肌群参与的运动，积极的心境和良好的精神状态的变化依赖于低强度的锻炼。有氧运动是较好的治疗抑郁症的运动方式。抑郁症患者需结合自身实际情况，选择合适的运动训练。体育运动既可以直接影响人际交往能力，还能通过提升身体自尊、整体自尊，进一步提高人际交往能力。因此，运动既可以直接提高心理健康，还可以通过改善身体自尊间接影响心理健康水平。

综上所述，适当的体育运动对于抑郁症患者改善生命意义的确有明显的改善作用，帮助抑郁症患者改善消极生活态度，找到自身的价值感和存在感，重新获得幸福美好生活。

（郑　勇　赵庆革）

参考文献

［1］杜仁仁，朱燕. 运动疗法治疗抑郁症的研究进展［J］. 按摩与康复医学，2018，9（6）：3.

［2］保文莉，冯苇，李彩霞. 运动疗法对抑郁症防治的研究进展［J］. 四川体育科学，2015，34（4）：4.

［3］张勇辉. 内观认知疗法对抑郁症临床症状，生活质量和社会功能的干预［D］. 天津医科大学，2012.

［4］陆鹏程，陈祥和. 体育运动改善大学生抑郁症的作用研究［J］. 体育科技文献通报，2020，28（7）：3.

［5］吴文丽，殷华西，伍翔. 大学新生生命意义感，抑郁与自杀意念的关系［J］. 中华行为医学与脑科学杂志，2015，24（10）：3.

［6］梁玉成，贾小双. 体育锻炼，社会资本对城乡居民身心健康的影响机制［J］. 上海体育学院学报，2022，46（4）：16.

第五部分

生命文化视角下的心理健康

心理健康的生命文化根基及实践

一、引言

什么是生命？如何理解生命？自古以来，有许多见解，却没有标准答案。系统论和分子生物学方法是解释生命本质的重要研究方法，能够探索生物世界背后的作用机制和组成成分。借助中医以阴阳气血的概念对生命现象探讨，认为生命的本质离不开能量代谢。笔者理解，从全生命周期看，生命是具有生、成、住、坏的基本过程，并于其中伴随着“成长意志”的“相”。“相”是指能够被人的意识识别和理解的物的状态。“相”不同于物，又与物密不可分，关键在于其中隐含的意识内容，一方面，“相”来自意识，没有意识就没有“相”，“相”是意识的相；另一方面，“相”又是物的相，表现为两个方面，即涉及意识对物的识别和理解，物体现为“相”。“相”既包括隐含的“意识”，也是一种真实的“物”。当不涉及其中的意识内容时，“相”就是物，或者说，物化了。

本文使用“相”的概念，旨在突出它有助于更好地理解生命本质。生命离不开物之基础，更离不开意识之存在。意识在生命中更为关键，原因在于生命有生、成、住、坏的基本过程，而这个过程又不同于物的生、成、住、坏的过程，不同之处在于其中意识起着决定性作用。在生命生、成、住、坏过程中，起着决定性作用的意识力量可以被界定为“成长意志”。“成长意志”似乎已经具备了有“意识”的前提，但其中又有仿若“非意识”的内容。

在这样的理解中，我们没有离开物质的基本属性，却又超脱于物质属性而聚焦于生命的本质——由可以造就运动变化的混沌意识显化出来的生命意识。生命是在生、成、住、坏的无常嬗变中演绎出智慧之花的努力过程，体现为对确定性秩序予以建构过程之前的理性，以及因之而生的理性与对反向的混沌无常之力加以涵养的爱之性及力。

由此说来，生命文化体现的是“成长意志”所铺就出来的生命景象。如果聚焦于人类这个特殊的生命形态，则可理解为，生命文化是生命因为有了对自身生命现象的自觉反省而有的生命景象。生命自觉是一个人或群体对生命自身存在、发展的理性反思过程，呈现为生命文化相关的符号、价值观和行为规范。对生命特性自觉的深刻理解及主动发展的努力构成生命文化的内容。换句话说，对生命中的混沌无常性及对应的理性与爱的自觉和研究发展形成了形态各异的生命文化。

人类生命自觉及其后的内容构成人类精神生活和心理世界的全部内容。个体生命展现的精神生活和心理世界的内容千差万别，因受到条件的限制而不能做到圆满地实现“精神健康”。所有的生命个体就有了一个渴望回归完全健康状态的内在需求。于是，在研究生命文化的时候，就不能不研究心理健康。心理健康自始至终都是生命文化的基本内容。

本文从追问生命的本质开始，探索生命文化的基本界定，由此引出精神生活和心理世界的内容，并进而探索精神生活和心理世界乃至生命的核心内容——生命自觉、二元概念体系及生命自照，从而界定出心理健康的基本内容，并提出心理健康的基本方式乃至生命健康的基本原则。

二、主客观世界统一性与心理健康的基本内容

生命自觉的第一个内容是觉知到（意识到）自身的存在及自身与外在客观世界的差别和联系。换句话说，生命自觉最主要的内容源于对主客观世界的意识和概念，如果借用中国哲学概念讲，即主客观世界概念（意识）的诞生意味着阴阳始分。从此，生命进入二元概念及其逻辑主导下的生命成长过程。这里要说明的是，因为意识有区分和联系的功能，考察世界及事物的时候，就会形成概念的差别，而概念的形成也源于与对应的差别之比较，比如，白是对应于黑，好是对应于坏。白和黑，好和坏，诸如此类，所有的概念都具有类似于阴阳这样的对应的两面或两端，故命名为二元概念，而后建立起来的判断、推理等逻辑内容都是基于二元概念，我们在讨论问题时，统称为二元概念及其逻辑。

无论是中国传统的阴阳哲学，还是构成现代计算机世界基础的二进制，都起于生命自觉形成的二元概念及其逻辑。如果反过来重新审视和研究生命，也是完全借用二元概念及其逻辑，这是对生命本质渊源的反观，其中却又体现着生命的自照（self-illumination）。

存在矛盾之处在于，只要我们还是用二元概念及其逻辑去研究或示现生命文化的内容，精神生活和心理世界注定无法圆满。只有超越主客观世界的分野，实现主客观世界的统一，生命才能在二元世界的反观中实现自照，即意识回到生命“自觉”之前的那个状态。同时，处于“自觉”之前的意识状态（即混沌意识）与“自觉”之后的意识状态的叠加态时，精神生活和心理世界才得以圆满，心理完全健康。

事实上，在精神医学的临床实践中，“主客观不统一”成为精神疾病最主要的诊断

原则。现代科学心理学对心理的概念是“心理是头脑对客观事物的反映”。一个人出现幻觉或妄想，显然是内心世界已经不能正确反映客观事物，因此，就构成了精神障碍的基本症状。

研究精神障碍时，固然要从症状和现象上去加以理解和判定，更需要从生命的基本内容及与此相关的高度上去加以探究。于是，回到生命文化的起点，了悟二元概念及其逻辑的性质和渊源，就是必有之意。虽然生命的最不健康状态于统计学意义上不具有主流价值，但哪怕对于绝大多数人的常态而言，依然是离不开二元概念及其逻辑的限制问题，自然少不了该限制下导致的非健康状态，因此，对于生命文化的深刻理解可以说是心理健康的必要前提。

三、生命文化视角下的身心一体

（一）生命的二重属性：自然生命与文化生命

伴随主客观世界二元分野出现的是对自身心身二元分野的觉知。在中国传统文化中，对于心身的理解，常既分心身二者又言心身一体。随着西方科学及细分哲学的成长并成为主流思想，心身二元分野就成为必然的思考及研习方式，再加上基于物质层面的科学进程带来的影响，对生命的思考及研习自然地被局限于偏于身体层面的认识范畴。这个倾向在医学的发展史中可见一斑。如20世纪70年代，西方医学的思想才从单纯的生物医学模式向生物－心理－社会模式转变。

然而，生命文化倡导从精神生活和心理世界去理解和研究生命现象。认为没有“成长意志”的生命不是生命。故不涉及或不探讨精神生活与心理世界、不言生命文化的医学不是生命医学。可喜的是，现代医学已经从生物医学模式开始向生物－心理－社会医学模式转变，开始向生命文化的领域迈进。

生命具有二重属性，既自然属性和文化属性。因此，研究自然生命的同时，也需要研究文化生命。文化生命的内容更具有代表生命本质的意蕴。因此，生命研究离不开对生命文化的深入探索，而生命文化的研究又与精神生活、心理世界和心理健康紧密相连。因此，我们在追寻心理健康的过程中，最终势必会回归到精神生活和心理世界起源的生命“自觉”问题上。于是，在对二元概念及其逻辑的理解和超越的过程中，实现生命自照的时刻，必然与心身一元、心身一体的觉知相关。

（二）生命文化中的心身健康观

如果以中国传统哲学的阴阳观念加以理解的话，心身健康的实现可用“周天代谢”

的概念来诠释。所谓周天代谢，一方面是指对立二者之间的能量与信息的交流，另一方面是指对立二者之间必得保持着圆环状、圆满状的可实可虚的意象与实相。

从身体（生理）角度看，新陈代谢可说是生命健康的核心内容。从生物学层面看，有一呼一吸的周天循环，有进食与排泄的周天循环，有清醒与睡眠的周天循环；于不可见的层面看，有看不见的气血周天循环和意识周天循环。从心理角度看，良好的主客观世界的联结和互动则是生命健康存在的意义所在。于可观的层面看，表现为人与物的关系、人与人的关系的存在与互动；于不可观的层面看，则有意识的活动和周流运转。从心身的关系看，二者又相互依存、相互影响，自成周天循环之势。因此，周天代谢的本质是二元分野，而欲超脱二元实现生命自照，尚需理解并体验到生命“自觉”及“自觉之前”的内容，以此构成生命文化的最底层逻辑。

四、周天代谢与心理健康

生命健康的研究领域从属于生命文化的范畴，传统上以主流西方医学为代表的生命健康研究更多关注于身体（生理）健康，并由此诞生出临床医学、生理学、营养学、运动学等相关学科。1879年，德国人威廉·冯特在德国莱比锡大学首创了心理学研究室，这是现代心理学诞生的重要标志之一。此前与生命文化息息相关的哲学对生命文化的研究也发展出心理学实证领域对生命文化的研究。此后，心理学更是成为研究生命健康中非身体（生理）属性部分的主要科目，与哲学科目共同从实证与非实证角度展开对生命健康问题的研究。

从医学向生物-心理-社会模式转变后，生命文化中的生命健康领域的研究出现了心身合流的趋势，医学、生理学、营养学、运动学、心理学、社会学、教育学、哲学在生命健康研究领域纷纷交汇，使生命文化的发展蔚为大观。这与生命“自觉”之后出现二元概念体系，又最终要回归至对二元体系的反观与生命自照的进程有所吻合。

本文从意识角度出发，从精神生活和心理世界内在的二元反观与生命自照的角度探讨心理健康的重要内容。

正如主客观世界的分野形成一般，意识从原初的“混沌意识”状态经由生命自我意识觉醒而变为“道与用”的状态，即从意识中演化出了“本体”和“投影”的关系。完整无限无边无际无量的“混混意识”因为运动叠加的缘故，变现出人的意识——胎儿的“混沌意识”，尤其表现在胎儿意识形成阶段；而降生成为婴儿后，依据“观察者效应”，该阶段婴儿会形成相应的感知能力，与之相伴的是二元认识的发生。

也就是从此开始，人比较清晰地意识到主客观二元世界的存在。而无法被头脑加工的各种信息及物我一体的宝贵思维依然在意识深处运作，便形成了“潜意识”，与

“意识”相对，形成二元对立的状态。对普通人而非“自觉”者而言，这种潜藏的潜意识只会在睡梦中将相关内容链接、呈现给意识。

从临床实践的实际情况来看，很多精神和心理问题都有相关的睡眠症状，而在患者康复的过程中，使其实现“（主）意识”和“潜意识”的沟通和周天代谢是重要的内容。本文认为，实现“（主）意识”和“潜意识”的沟通和周天代谢是实现心理健康第一个需要注意的内容。而与此相关的，则是患者需要完成良好的睡眠，沐浴阳光，获得安宁闲逸的心灵状态，可谓实现心理健康的重要的方式之一。

五、知、情、意协调，促进心理健康

当现代心理学把“心理”定义为“头脑对客观事物的反映”时，便注定了精神生活和心理世界被二元概念及其逻辑不断裂分并构建起相应的结构状态，于是，心理学便具有最常见的三个概念：认知、情绪/情感、意志。

一般认为一个人健康的状态体现为有效的现实行为，而有效的现实行为实际上是意志健康的体现。再进一步看，当个体认知与情绪/情感和谐一致时，方能知行合一，即意志健康有赖于认知与情绪/情感和谐一致。

美国心理学家埃利斯ABC理论认为，情绪/情感与认知密切相关。A（antecedent）指激活事件，B（belief）代表关于这类事件的信念和解释，C（consequence）指事情的后果。有前因必有后果，三者之间相互影响，但有同样事件A，却可产生不一样的后果，正是因为从前因到后果之间的桥梁B有所不同，这座桥梁就是信念和我们对情境的评价与解释。因此，同一情境（A）又会因不同的人差异性理解而得到不同结果。

故不难发现，现实生活中同样的事件由于不同的信念和心境可引发不同的结果，原因正是情绪/情感发生的一切缘于信念，包括人们对事件的想法、解释和评价等。因此，借由情绪线索不断反观认知的相关内容，从而实现知情意的协调一致，以此或可实现个体与现实的良好互动。

六、结语

本文从生命文化视角探索心理健康的核心本质，提出基本观点：生命是具有生、成、住、坏的基本过程。生命文化是因生命拥有对自身生命现象的“自觉”而拥有的生命内容。生命自觉及其后的内容构成人类精神生活和心理世界的全部内容。生命文化内容离不开心理健康，反之心理健康自始至终都是生命文化的重要组成部分。

因为生命自觉及其后的内容源于主客观世界意识和概念的诞生，也由此使生命进入二元概念及其逻辑主导的生命成长过程，因此，如何理解和把握二元概念及其逻辑的基本内容并了悟其对生命健康的作用，就成为生命文化的重要内容，也同时成为生命健康的重要内容。为此，本文提出如下建议：由情绪线索，实现知情意核心一致，进而实现个体与现实直接的良好互动；通过良好睡眠、沐浴阳光及获得心灵安宁闲逸状态的方式，实现意识层面良好的周天代谢；分别实现身体、心理的周天代谢并实现心身互动的周天代谢；在二元概念体系的反观中实现对二元概念系统的超越，实现主客观统一的生命过程。

（刘　明）

参考文献

[1] 刘明. 治人医心 [M]. 北京：北京工业大学出版社，2021.

[2] 刘明. 浑沌如歌 [M]. 北京：九州出版社，2023.

[3] 肖党生，方辉，杨介钻. 生命本质和新型生物模式图的构建探讨 [J]. 医学争鸣，2020，11（6）：29-34.

[4] SATO N. "Life-bearing molecules" versus "life-embodying systems"：Two contrasting views on the what-is-life（WIL）problem persisting from the early days of molecular biology to the post-genomic cell-and organism-level biology [J]. Biosystems，2018，167：24-32.

[5] SHARIN U B M，HWANG C C J，ANG W H D，et al. The haematopoietic stem cell transplant survivors' sense of coherence about their experiences：a qualitative study [J]. Supportive Care in Cancer，2020，28：4275-4283.

生命文化与精神分析中的自我发展：结构主义视角

精神分析中的自我发展，区别于生物医学模式中研究人动物性的生命，关注精神和文化上的意义性生命。在拉康看来，自我的成长嵌套于社会文化、家庭结构之中，人的主观思想是一个有层次、有结构的多元体，在这个复杂结构中各个组成部分并不是和谐一致地合作。相反，自我内部的冲突和斗争是恒常的现象，正是内在的冲突和矛盾不断调和构成了人的精神世界。这与生命以文化形式存在的生命文化相符，作为文化形式的存在，不仅仅是生物属性的人，正如马克思所说人的本质“在其实现性上，它是一切社会关系的总和”。

一、生命价值与意义的多维解读

医学模式即医学的主导思想，包括疾病观、健康观等，影响医学工作的思维及行为方式，其逐渐从生物医学模式转化为生物-心理-社会医学模式，生物医学在认识论上往往倾向于将人看成生物的人，忽视人的社会属性，已不足以阐明人的生命文化。正如马克思所说人的本质“在其实现性上，它是一切社会关系的总和”，因此，生命不仅仅指人的生物属性，更包含文化形式的存在。甚至，生命文化中的生命价值和意义高于作为自然现象的生命本身，其研究对象区别于医学上研究人动物性的生命，而是关注精神和文化上的意义性生命。

关注生命文化，就要回答一个问题：人的生命价值和生活意义从哪里来？此问题源自如何处理自身的需要和满足需要的方法之间的矛盾，这实际上包含三个方面的界定，即自然、社会和精神的生命价值和生活意义。在儒家文化中，文化生命的重要性甚至超过了物质生命，《左传・襄公二十四年》有言：“太上有立德，其次有立功，其次有立言”，意即人生的境界按照高低排序分别为树立德行、建功立业、著书立说。在儒家文化中，德、功、言便是文化生命的载体，且三者不仅益于人，更不会随着时间流逝而消失。因此，对生命文化的探索，不仅要探索自然生命，也要探索社会和精神的生命和意义。

首先，生命活动是一种人在自然界的生存与发展的感性活动。马克思这一观点明确了具有社会属性的人与动物的根本区别，即人过着一种有意义的生活活动。因此，人的生活就不可能停留于自然生理需要之上，发挥主观能动性，并因此而获得生活意义。以饮食和性需要为例，人和动物共有各种本能需要。从精神分析的视角看来，人总会有剩余的需要，超出满足本身需要的享乐，即精神分析家拉康所说的客体小a，如对食物丰盛程度及进食环境等的需要。

其次，马克思强调了个体本质的历史性和社会性，“人的本质是一切社会关系的总和”，这种观点与精神分析中对自我发展的看法有紧密的联系，尤其是在弗洛伊德和拉康的理论中对自我（Ego）的解释。在精神分析的框架中，自我被视为个体内部欲望（本能欲望）和外部世界（社会规范和压力）之间的调解者，这一点与马克思的观点相呼应，即个体的本质是在不断的社会实践中形成和发展的。例如，弗洛伊德认为自我的主要功能是平衡本能的冲动和现实的要求，而拉康则强调语言在形成个体主体性中的作用，认为“人是言说的存在”。

最后，人还作为有意识的自然或社会的存在物，人还具有追求理想的需要。生命的价值即源于此，人不仅是生物意义上的人，也是社会上具有交往需求的人，同时也是有精神追求的自我实现的人，有信仰、有追求的人的生命也是与动物的生命不同之处。精神性的生命价值和生活意义是坚定生命持存、不可随意结束生命的力量。因此，生命文化的研究重点是为每一个活生生的、现实的个人激活一种有意义、有追求的生活。这与精神分析强调个体内部结构与外部社会文化之间的相互影响相一致，“理想自我”强调了个体心理结构中社会和文化的影响，以及个体对于社会认同的渴望。个体通过与社会的互动，构建了理想化的自我形象，同时内化了道德规范和社会价值，这种内部结构在个体对待生活的看法中发挥作用，而语言、社会期望和个人经验也影响价值观的形成。

二、结构主义精神分析中的生命文化研究

（一）结构主义的要义

结构主义是一种跨学科的理论方法，强调社会、文化和语言等现象内在的结构、关系和模式。它将文化视为一个内在联系和相互关系的系统，强调生命文化中的各个元素不是孤立存在的，而是相互影响、相互构建的，通过揭示文化中的符号、象征和隐喻，结构主义者深入探索了生命的意义和价值，这种方法突出了生命文化中的二元对立，如生死、自我与他者，以及通过这些对立之间的中介来构建复杂的意义体系。结构主义的观点丰富了我们对于生命文化的理解，将焦点从单一元素转向更深层次的模式、规律和多样性，为解读人类生命的文化维度提供了有力的分析工具。

结构本身是自足的，它的各个部分之间存在一种相互制约与依存的关系，要想了解一个结构，不需要借助任何外来的成分。从这个意义来讲，它是独立自主的封闭体。笛卡尔到萨特一直支配着哲学传统的主体概念。它强调符号系统、无意识和社会关系的首要性，主体与意义的派生性。

从社会科学和社会理论角度来看，结构主义有四个系统特性，一是“整体观”，一个系统的不同部分不应互相割裂来研究。二是社会结构决定人们社会行动和意义，主要目标为探索稳定不变的社会结构，而非不断变化的社会现象。三是反对实证主义理论和方法论，因为社会现象背后往往有更深层且不变的社会结构。四是社会结构约束性质，是社会结构约束和深刻影响着人们的行动和思想。结构主义强调“社会性或社会化”，而非“个体性或个体化”，我们通过社会化的个体总能看到社会总体。因此，应关注个人背后的社会处境。结构主义通过分析社会文化中符号和象征的内在结构，试图揭示它们在文化体系中的相互作用，赋予人类生活深刻的意义。

（二）精神分析中的自我发展

法国精神分析学家拉康（Lacan）将结构主义分析应用于精神分析中的自我概念，自我不是一个孤立的实体，而是文化和语言结构的产物，其方法论基础是结构主义哲学和结构主义语言。拉康打着“回归弗洛伊德”的旗号，以结构主义语言学和分析方法对弗洛伊德的精神分析进行了重新的解读和全面的阐释，强调语言和符号系统在个体心理结构和主观体验中的重要性。他的理论强调个体通过符号、象征和隐喻来构建自我认知和意义，强调社会镜像对自我认同的影响。这与结构主义的观点相契合，即文化和社会影响个体的建构，并提出了“无意识主体”和“欲望”两大核心概念。他为精神分析学说摆脱生物学束缚的同时，也将结构主义引入精神分析，突出了符号、语言和社会文化在个体心理中的作用，为理解人类行为和主观体验提供了一种独特的角度，使传统的精神分析由医学实践领域转向社会话语的层面。

拉康提出的镜像自我的概念是指儿童在镜中看到自己的形象时，会形成初步的自我概念。这一阶段的自我认识是建立在他人的映像上，是通过社会互动和文化影响构建的，是以他所观察到的幼儿生长中的镜像阶段为出发点的。镜像阶段是指这样一种现象：婴儿在6～18个月之间，开始认出镜像中自身的形象。这种镜像不仅指视觉上的镜子，还意指任何反射性的表面，如他人对自己的评价。在镜像阶段，由于看到自己在镜子的形象，婴儿第一次意识到自己的身体是一个统一的整体，还可以通过运动来控制自己的身体，由此体验到掌握的快乐。然而，由于运动系统的滞后性和视觉系统的优先发展，婴儿感觉到自己身体是四分五裂、支离破碎和尚未统一的。因此，镜像阶段便预期了婴儿对自己身体的掌控，并与婴儿所体验到的支离破碎形成鲜明的对比，婴儿认同了镜像中的形象就是自己，但这一形象同时又是“异化”的，这个自我镜像的形象最终取代了主体的位置。

在拉康看来，自我便出现在这个异化并迷恋自我形象的时刻，自我就是这些镜像反馈的效果，被建立在主体与其自我间性之间，为了完成生命的存在，一个人必须得到他者的承认，这就意味着我们的自我形象是由他者的目光（评价）来中介的，他者就成为我们自身的担保人，我们既依赖于他者作为我们自身存在的担保人，同时又是他者眼中建构出来的自我形象的竞争者，因为从镜像阶段开始，人开始追寻某个形象并把他视为“自我”，而这一切来源于认同机制，人的一生就是通过持续不断认同某个形象来确认自我的生命，这个持续的认同过程使人的“自我”不断变化。

拉康的理论与弗洛伊德有很大区别，对于弗洛伊德来说，他所创立的精神分析是偏生物学的，这不仅是因为在解释人类现象时生物学代表了一种非常严谨的科学理性，而弗洛伊德也希望自己的精神分析具有生物学的严谨性，与此相反，拉康在一开始就表现出一种对生物倾向的反感，在他的理论中少有本能、冲动和倾向之类的生物性机制的地位，他在构建理论时，自我结构是在世界之中通过与他人连接而存在的，产生于一岁之内的镜像阶段，这个阶段起幼儿就开始了他与幻象认同而建立“自我”的过程，且将贯穿一生。该理论也突出了符号与象征的重要性，强调了文化符号对个体认知和自我建构的影响，这种性质朝向文化和社会对自我发展的塑造作用。通过这种方式，拉康将精神分析从医学实践领域转向社会话语层面，为理解人类行为和主观体验提供一种独特的视角，揭示社会文化因素如何塑造个体的心理结构和欲望。

（三）以文化形式存在的生命

从结构主义观点来看，生命不仅受到生物学的制约，还深受文化环境的影响。结合精神分析的角度，个体的心理发展与其所处的文化背景密不可分。文化在形成个体身份和自我意识方面扮演着关键角色，文化通过语言、传统、习俗及社会制度等，构成一个复杂的交流和表达系统，为个体提供认知世界和表达自我的工具。

具体来说，文化通过语言提供了一套符号系统和共享的意义构架，使个体能够在社会中找到归属感和自我定位。例如，通过神话、宗教故事及历史叙述，文化传递了关于生命、存在和道德的基本理念，这些故事和信仰形式不仅仅是知识的传递，更是价值观和行为准则的内化，影响着个体的行为和决策。在精神分析中，语言不仅是无意识内容的表达方式，也是塑造和构建自我认同的工具，通过语言，个体不仅表达自身的内在冲突，还学习和遵循文化规范，理解和塑造自己的社会角色和责任。

此外，文化主要通过艺术来庆祝和维系社会共同体，这些活动不仅加强了社区凝聚力，也允许个体在社会中进行自我表达和情感交流。艺术作为文化的一部分，能够激发情感和思考，促进社会意识的形成和变革，通过艺术，人们可以探索个人和集体的经历，表达对生活的理解和情感。在实践层面，法律和道德体系等文化构成部分定义了社会行为的框架，规范个体行为，确保社会秩序，通过教育系统，文化知识和社会规范被传授给新一代，确保文化的持续和发展。

因此，生命在文化中的存在不仅是通过遗传和环境因素的生物学表达，更是通过一系列文化活动和交流的社会表达，这种文化表达形式深刻地塑造了个体的世界观、自我认同及与他人的关系。总之，文化是理解和实践生命的一个不可或缺的框架，它使个体生命得以在更广阔的社会文化背景中理解和表达。

三、结构主义精神分析在生命文化中的应用

法国哲学家福柯将医学话语解构为一套控制论意义上的规训，从历史考古学的视角指出古典医学到现代医学的话语转变。福柯在《临床医学的诞生》（1963年）指出，在古典医学中，医生处理的是患者的主观感受，问诊方式为“你怎么不舒服？”而在现代医学中，医生观察的是器官和躯体，随之而来的问诊方式是“你哪里不舒服？”医生从分类体系中的疾病图表转向患者的器官和躯体，问诊方式也随之发生改变。此外，福柯还探讨了医学知识的生产过程与特点，以及医学话语与社会权力结构之间的相互渗透关系，成为一种全新的认识论体系与社会实践。不仅如此，福柯在对政治实践与医学话语的探索中发现，政治实践也可以通过改变话语的涌现、嵌入和运作的条件，从而改变医学话语的存在方式。因此，新的健康指标的建立至关重要，而话语方式的转变在福柯理论中意味着认识论的转变，也影响了医生与患者之间关系的信息不对等与割裂，并不便于医生理解患者自身的身体与生命活动。

结构主义及精神分析影响下，生命不可被还原为纯生物属性，与精神分析一脉相承，拉康对于自我的观点揭示出了医患关系移情的本质特征，即移情在关系中实际上并不涉及任何情感，而是一种结构关系。患者对医生身上投注的情感，是先于患者来到诊室就存在的一种看待世界的方式。这与他所处的社会关系有关，也关乎个人成长史中不可避免的他人关系的印象。如果患者对其他人的感觉是积极的，抑或是成长中他人对自己是友善的，那么，患者可能把正面情感投射到医生身上以配合医生，表现为听从、认可等。如果自己对他人本就是负面情感的话，那么，患者更有可能把负面情感转移到医生身上，表现为厌恶、敌对等。此外，医生以自身的专业学习经验无差

异地看待患者的生命，很容易忽视人口统计学意义上的差异，以及患者对于自我的构建。患者的症状及对于自我的建构不仅来源于自身的认知，也来源于社会及家庭所赋予的位置。

马克思强调了个体本质的历史性和社会性，这种观点与精神分析中对自我发展的看法有紧密的联系，尤其是在弗洛伊德和拉康的理论中对自我（Ego）的解释。在精神分析的框架中，自我被视为个体内部欲望（本能欲望）和外部世界（社会规范和压力）之间的调解者。这一点与马克思的观点相呼应，即个体的本质是在不断的社会实践中形成和发展的。弗洛伊德认为自我主要功能是平衡本能的冲动和现实的要求，而拉康则强调语言在形成个体主体性中的作用，认为“人是言说的存在”。

基于此，精神分析作为一种心理治疗方法和理论体系，对医学的生命文化实践提供了一种可行的方法论。

（一）加强结构主义精神分析中的生命文化教育

医学生作为未来的医生，医学教育可以发挥独特的作用，加强结构主义精神分析关注符号和象征在意义传递中的作用。教育不仅仅是知识传递，更是关于价值观、文化和意义的传递。首先，从患者身处的结构立场探究其病史。如本文指出，不仅关注患者的致病器官，同样也应注意其生长环境的致病因素，以及是什么原因导致患者接触了这些致病因素。尤其在临床心理和精神科，如面对吸烟、酗酒的患者，由于自我诞生在他者的评价之中，考察患者是否在生活中面对一些本就压力巨大的社会环境，治疗期间，不仅有基于经典条件反射作用的戒断药物和行为训练，也应关注到其面对的困难，以及使其选择此种生活方式的环境结构因素，优化应对困难的方式，促进患者从个体内部到与社会联系的全面康复。其次，经由学习自我结构的建构历程，医护人员应关注患者对于“自我”的看法，有利于理解患者在社会结构中的困难，如个体发展中的他者是如何帮助患者建构自身生命发展的。结构主义精神分析指出，当患者说到“我”时，要注意到其是站在何种位置与结构来谈论自我的，将自我放在社会结构中去理解。

（二）精神分析视角下的医患关系建构与情感理解

在临床实践中，医生可以通过结构主义精神分析的视角，更好地理解患者的文化背景、符号意义和情感体验。这有助于建立更有意义的医患关系，促进有效的沟通和治疗。美国学者Szayst和Hollander提出了三种不同的医患关系，包括主动–被动型，即以父母与婴儿关系为原型的模式，多在重症患者、失去意识的患者等关系中出现；

指导－合作型，是以父母与青少年为原型的模式，该模式中医生通过指导患者来执行医疗活动；共同参与型，是以成人与成人关系为原型的医患关系模式，双方基于治好疾病的共同愿望和要求，患者主动友好地参与医疗方案，是朋友式的相互依存、相互需要和相互作用的民主的关系。

精神分析家拉康将结构主义引入临床关系的建构，自我并非一开始就如同生物学身体上的统一，而是经由文化、社会、家庭、他人关系建构出来，这些关系网络将患者的自我联系在一起，将患者定位于世界之中。因此，医患关系也应与患者和医生在社会、家庭结构之中的位置相联系，如父亲作为社会秩序的传递者，具有权威性的医生可能会唤起患者曾经对父亲的情感，医生如果以结构主义精神分析的立场看待患者对自己的情感，会更加理性地避免医患冲突，也促进和谐医患关系的建立。

结构主义、精神分析的生命文化观点可以帮助医生更深入地理解患者自我的生命价值观和生活意义。医学不仅仅是治疗身体，还涉及患者的情感、信仰和社会角色。通过了解患者所处的文化背景和社会关系，医生可以更准确地评估患者的需求，并提供更为个性化的治疗方案。此外，结构主义精神分析强调社会和家庭关系对于个体的影响。在医学中，了解患者的家庭动态和社会环境有助于医生更全面地了解患者的健康状况和心理状态，医生可以将结构主义的观点运用于家庭治疗或社会支持方面，从而提供更为综合的医疗服务。

四、结语

本文提供了一个从结构主义视角探讨精神分析中的个体生命文化发展的详细框架，可以帮助深入理解人的精神成长过程中的多层面因素。在后现代思潮冲击下，理解生命以文化形式的存在在医疗活动中显得尤为重要，人类生命的发展离不开社会结构的变化，从自我生命的发展到理解社会结构的发展，为医疗活动提供了更为全面的视角。精神分析作为一种心理治疗方法和理论体系，在医学的生命文化实践中提供了一种可行的方法论，能够帮助医生更深入地了解患者的心理和情感，从而为更综合、个性化的医疗方案提供支持，促进患者的身心健康。

（涂芳珺　曾　勇）

参考文献

［1］陶清．生命文化论纲［J］．江淮论坛，2009，（3）：82-88．
［2］肖厚德．精神分析法与结构主义［J］．法国研究，1985，（2）：10-20，29．

[3] 刘继同，张东奇. 中国医改实践的生命伦理学困境与中国结构主义伦理学视角 [J]. 福建论坛（人文社会科学版），2011，(7)：143-147.
[4] 拉康. 拉康选集 [M]. 褚孝泉，译. 上海：华东师范大学出版社，2019.

生命史策略及其对大学生心理健康的影响探究

当代社会的急速发展、严峻的竞争环境和高强度的学习压力，导致大学生的抑郁、焦虑等心理健康问题突出。《中国国民心理健康报告（2019—2020）》显示，与其他年龄段相比，18 ～ 24岁青年人的抑郁和焦虑水平最高。关注大学生的心理健康问题，探索其影响因素和改善路径，是心理健康教育面临的重要课题。生命史理论（life history theory）起源于进化生物学，用于解释生物体在生命历程中如何权衡和分配有限的资源。个体在早期环境中形成的生命史策略可能对其心理健康产生深远影响。本文将考察生命史策略对大学生心理健康的影响，并进一步分析心理灵活性在生命史策略和大学生心理健康的中介作用，为理解大学生心理问题的成因提供新的视角，并为心理健康干预提供理论依据。

一、生命史理论概述

（一）生命史理论的核心观点

生命史理论是进化心理学中重要的理论之一，研究生物如何将有限的时间和资源分配到不同的生命阶段活动（如生长、繁殖、维持和修复）。它基于进化论，探讨生物体如何在资源有限的环境中，通过优化资源分配来实现生存和繁衍的最大化。其核心观点是生物在进化过程中会因环境压力形成不同的策略，以权衡（trade-offs）不同的生存目标。具体而言，该理论提出了如下几点要求：个体应合理分配资源以提升身体和认知能力，个体在生育和抚养后代上应投入必要的时间和精力，个体应通过适应环境来延长寿命并提高繁殖成功率。

生命史理论不仅论述了早期环境对个体心理障碍形成的作用，同时也为理解不同环境下的适应性策略提供了框架。例如，童年时期的资源匮乏或不稳定环境可能导致个体发展出快策略，从而增加心理障碍的风险。有研究提出，心理障碍可能源于个体基于生命史策略形成的期望与当前环境之间的不匹配：当个体期望一个稳定环境，但实际面临不稳定环境时，可能导致压力和心理障碍。Chua等通过对超过26 000名参与者进行的三项在线调查发现，童年家庭因素与成年生命史变异之间存在显著关联。这种关联是通过在发育过程中直接感知外部环境线索和/或根据内部身体状况（即健康状况）校准生命史策略而产生的，而这种身体状况本身反映了对不同有利环境的暴露。这项研究结果表明，人类生命史策略可能同时根据外部和内部线索进行校准，并且这种校准效应体现在广泛的心理和行为表型中。

（二）生命史理论的应用

生命史理论通过改善个体的成长环境，如提供稳定的家庭环境和丰富的资源，有助于促进个体发展出更健康的生命史策略。根据个体的生命史策略特点，可以设计针对性的心理干预措施，帮助个体更好地适应环境并提升心理健康水平。

目前，生命史理论主要用于心理学、社会学领域，以阐释心理健康问题的发生和发展机制。该理论强调了生物和环境因素的复杂交互作用，以及这些作用如何影响个体的适应性行为。即个体的可利用资源是有限的，在适应环境的过程中，个体需要权衡不同的生命命题，并通过建立最优策略合理分配有限资源，以获得最大发展。

二、生命史策略的类型及其心理影响

（一）生命史策略的两种类型：快策略与慢策略

生命史理论强调个体在资源有限的情况下，需要根据环境做出适应性权衡。在稳定环境中，个体倾向于使用长期投入和谨慎的慢策略，而在不稳定环境中，可能使用快速繁殖和较少投入的快策略。对于个体而言，快策略和慢策略并非固定不变，而是可以随着环境和需求的变化进行选择和调整。

Dl Giudice基于生活史理论提出了精神障碍的分类方法，即快慢防御模型（fast-slow-defense model，FSD）。该模型将精神病理学与个体在人格和行为上的规范差异相结合，允许研究人员在不同的疾病群体之间进行原则性区分，有助于识别当前诊断类别中的功能亚型。他的理论为环境风险与保护因素的作用和各种疾病的发展轨迹，提供了新的综合性见解。

Dl Giudice基于生命史策略的心理障碍模型，将心理障碍分为快策略相关心理障碍和慢策略相关心理障碍。快策略的使用与较多的心理健康问题有关，如快策略预测了更高的攻击性和精神疾病性症状、更高的自我伤害发生率和更少的亲社会行为。Maner等研究了童年时期暴露于不可预测的变化的个体在整个生命过程中的心理状况。童年时期暴露于不可预测的变化与使用快策略有关，快策略的特点是冲动性强、关注短期目标。快策略与体重管理失调行为（如即使没有饥饿也进食）也有密切关系，这些行为可以预测高体重指数和成年期的肥胖问题，部分原因可能是儿童早期暴露于不可预测的事件和环境。

（二）生命史策略对心理健康的影响

生命史策略与心理健康之间存在密切关联。快策略相关心理障碍通常包括物质使用障碍、反社会人格障碍等，其特征表现为冲动性、冒险行为和较低的自我控制能力。相比之下，慢策略相关心理障碍则包括强迫症、社交焦虑障碍等，其特征表现为过度谨慎、高度的自我控制和对风险的回避。生命史理论认为，某些心理障碍可能是适应性策略在特定环境下的过度表达。例如，快策略在资源匮乏的环境中可能有助于个体短期生存，但在资源丰富的环境中可能导致心理健康问题。

生命史策略还能够显著影响个体的情绪体验。快策略者更容易体验到焦虑、抑郁等负面情绪，而慢策略者倾向于对压力情景下产生的焦虑、抑郁情绪进行有效控制，因而能够减少负面情绪的产生，能够维持稳定、和谐的社会关系。

在研究生命史策略与抑郁、焦虑之间的关系时，常用的测量工具包括简明抑郁症状量表（quick inventory of depressive symptomatology）、焦虑自评量表（self-rating anxiety scale）和SCL-90中的抑郁、焦虑分量表。研究发现，即使使用不同的测量工具，慢策略倾向也可以负向预测抑郁相关症状（如失眠）。但在焦虑上出现了不一致结果：基于焦虑自评量表，生命史策略越倾向于慢策略，个体焦虑体验越少；而使用SCL-90中焦虑分量表的研究发现，具有慢策略典型特征的人更容易出现紧张、颤抖等焦虑症状。Kahl等认为，这种矛盾可能由于慢策略者更容易产生担忧和缺乏安全感。

针对大学生群体，常用的测量工具是抑郁-焦虑-应激自评量表中文简版（depression anxiety and stress scale，DASS-21）。该量表有助于验证生命史策略和焦虑、抑郁之间的关系，为相关研究提供了可靠的工具支持。

三、心理灵活性及其中介作用

（一）快-慢生命史策略下的心理灵活性

心理灵活性是指个体在觉察和接纳内在心境与外在环境的基础上，根据自我价值方向灵活调整行为的能力。这是一种基于自我价值的重要能力，主要受个体认知功能、人格特质影响，与生命史策略密切相关。心理灵活性水平是个体生命史权衡后的结果：与快策略者相比，慢策略者着眼于长期生存，有更多利他行为，倾向于建立合作联盟，因此，拥有更高的执行功能水平（如延迟满足）。这一点具体表现为慢策略者在大五人格测试中神经质得分较低，在开放性、宜人性、责任性和外倾性上得分较高，其心理灵活性水平更高。

生命史理论从进化视角讨论个体使用快-慢生命史策略的应对环境影响，通过生命史内部权衡以取得适应性的状态。个体在分配有限的资源时，要在躯体投入（个体维持和发展自身资本时的投入，如学习知识、培养技能）和繁衍投入（个体可获得即时满足的活动上的投入，如睡眠、繁衍）之间进行决策平衡，以适应当前环境。不同策略者可能存在心理和行为差异，快策略者更主张数量取向，有牺牲长期利益而关注即时满足的倾向，慢策略者更主张质量取向，有牺牲即时收益而投入长远利益的倾向。与快策略者相比，慢策略者更倾向将资源投资到自我身上，更倾向于维持和发展自身资本。在现代社会中，意味着慢策略者更愿意自我投资，而非将资源花在即时满足中，愿意发展和培养自我的积极品质，如心理灵活性。

（二）生命史策略对心理灵活性的影响

生命史策略对心理灵活性的影响可以从两方面出发。首先，心理灵活性较高的人通常具有更强的社会适应性能力，更可能在长远利益上获益。慢策略者更可能倾向于发展心理灵活性这一能带来长期收益的特质，从而提高其应对未来挑战的能力。其次，不同的生命史策略在很大程度上影响了个体的认知功能和人格特质。认知功能和人格特质往往与心理灵活性水平密切相关。慢策略者往往具备较高的认知功能水平，在延迟满足和自我控制上表现更佳；在人格特质方面，慢策略者常表现为低神经质、高开放性、高宜人性等，其亲社会行为较为突出，且更容易维持稳定的人际关系。因此，越倾向于使用慢策略的个体心理灵活性水平越高，反之亦然。

此外，人类是高度倾向于慢策略的物种，人类更倾向于将资源投入能提升自我价值的部分，例如，将资源用于提高心理灵活性以促进对自我和环境的积极认知。这些资源投入有助于提高个体在未来处理风险的能力。高心理灵活性个体更能觉察生活中内在心境与外部环境的变化，调整自我情绪状态，明确自我价值取向，积极整合心理资源，并进一步优化资源分配。慢策略者的高执行功能水平和亲社会人格特质会积极影响心理灵活性这种与自我价值密切相关的能力，进而降低抑郁、焦虑情绪。

换言之，慢策略者可能倾向于将资源投入客观地认识自我和接纳自我中，通过提高心理灵活性促进自我完善，这样的个体拥有较和谐的人际氛围和稳定的情绪状态，从而降低了个体的焦虑和抑郁水平。

（三）心理灵活性在生命史策略与心理健康之间的中介作用

心理灵活性在生命史策略与心理健康之间起中介作用。为了考察这一中介作用的具体表现，研究中使用一系列表量进行测量。在生命史策略方面，中文版的Mini-K量表用于评估个体在快－慢策略连续体中的相对位置。得分越高，说明个体更倾向于使用慢策略；得分越低，则说明个体更倾向于使用快策略。在心理健康方面，常用的量表是Lovibond于1995年编制的抑郁－焦虑－应激自评量表。得分越高，说明个体的抑郁或焦虑水平越高。Gilladers等编制的认知融合量表（cognitive fusion questionnair）用于测量心理灵活性，得分越高，代表个体的认知融合程度越深，心理灵活性水平越低。

生命史策略对抑郁、焦虑存在直接影响。快策略者更倾向于将世界感知为不可预测和不安全的，虽然某些行为（如过度进食）能帮助这类个体获得即时满足，缓解短期情绪压力，但长远看，这类个体更容易体验到慢性压力，从而导致更高的抑郁和焦虑水平。而慢策略者不聚焦于即时满足，对环境的感知更为稳定，更倾向于追求长期的安稳生存环境。慢策略者更愿意投资于自我提升，这使其对自我的认知更为积极，从而更不容易产生焦虑、抑郁情绪。

生命史策略中的快策略与高精神病理症状、高自我伤害发生率和低亲社会行为有关。而采用慢策略的个体更愿意将资源用于自我价值提升，其心理灵活性水平较高，焦虑和抑郁水平更低。慢策略者将环境感知为稳定的，这种认知可能直接降低个体的焦虑、抑郁水平。此外，慢策略者通过提高个体的心理灵活性，提升了应对困境的处理能力，并帮助其保持稳定的自尊水平，从而进一步减少了焦虑、抑郁情绪的发生。慢策略倾向于在稳定、可预测的环境中更容易产生，因此，社会、学校和家庭应为个体成长提供安全、稳定的环境。

除此之外，心理灵活性不仅受到生命史策略的影响，还可以通过特定的干预措施得到提升。研究表明，慢策略者更倾向于发展心理灵活性这一能带来长期收益的品质，而快策略者则可能因关注短期目标而忽视这一能力的培养。大学生的心理灵活性能预测两个月后的负性情绪和幸福感，通过练习提升大学生的心理灵活性，能够缓解消极情绪，增强幸福感。

四、结语

生命史理论为理解心理健康提供了独特的视角。通过分析个体在生存和繁衍过程中的资源分配策略，本文揭示了生命史策略与心理健康之间的复杂关系，并强调了心理灵活性在其中的中介作用。这一发现能够更好地解释心理障碍的成因、分类和干预方法，也为心理健康实践提供了新的思路。

（叶宝娟　毛卿卿　郭玲静　张新庆）

参 考 文 献

[1] 耿耀国，朱雪丽，石丽萍，等. 生命史策略与囤积：控制感的作用［J］. 中国临床心理学杂志，2019，27（6）：1267-1270.

[2] 彭芸爽，王雪，吴嵩，等. 生命史理论概述及其与社会心理学的结合：以道德行为为例［J］. 心理科学进展，2016，24（3）：464-474.

[3] 张林林，王芬，初云云. 青少年心理灵活性研究进展［J］. 职业与健康，2021，37（11）：1567-1571.

[4] DAVIS AK，BARRETT FS，GRIFFITHS RR. Psychological flexibility mediates the relations between acute psychedelic effects and subjective decreases in depression and anxiety［J］. Journal of Contextual Behavioral Science，2019，15，39-45.

[5] JOSEPH HM. Life History Strategy and the HEXACO Personality Dimensions［J］. Evolutionary Psychology，2015，13（1），327-353.

[6] KAHL BL，KAVANAGH PS，GLEAVES DH. Extending a Life History Model of Psychopathology：Expectations and Schemas as Potential Mechanisms［J］. Evolutionary Psychological Science，2022，8：158-173.

[7] KAHL BL，KAVANAGH PS，GLEAVES DH. Testing a life history model of psychopathology：A replication and extension［J］. Current Psychology，2022，41，6233–6246.

[8] DEL GM，HALTIGAN JD. An integrative evolutionary framework for psychopathology［J］. Dev Psychopathol，2023，35（1）：1-11.

[9] CHUA KJ，LUKASZEWSKI AW，GRANT DM，SNG O. Human Life History Strategies［J］. Evol Psychol，2017，15（1）：1474704916677342.

[10] MaANER JK，DITTMANN A，MELTZER AL，et. al.，Implications of life-history strategies for obesity［J］. Proc Natl Acad Sci，2017，114（32）：8517-8522.

生命文化视角下青少年心理健康问题及教育策略

近年来，青少年心理健康问题频发，牵动着社会各界的关注。青少年存在生命状态不佳、生命意识较为淡薄等问题，对生命的价值导向存在误读，甚至由此引发对生命的轻视、轻率处置。这不仅是青少年个体性或群体性的问题，更是一个社会问题，急需社会、学校、家庭做出必要的反思和回应，以针对青少年的生命意识、生命价值导向做出正确的教育与引导，从而改善生命状态。部分青少年处于不良生命状态中，归根结底是缺乏正确的生命文化引导。因此，应通过生命文化教育，引导与整合人的内部精神力量，帮助青少年形成完整和谐的人格。本文从生命文化教育的概念解析出发，从生命文化的视角对青少年生命状态、道德价值导向、生命意识等问题进行解析。

一、生命文化教育的价值内涵

生命文化教育是生命教育的一种形式。现代的生命教育概念始于20世纪60年代的美国。二战后的美国青年发生了很多吸毒、自杀等危害个体生命及社会的事件。1968年，美国知名学者Walters提出了生命教育的思想，并在加州创建了阿南达学校，倡导珍爱生命、践行生命教育的思想。随后，在澳大利亚、英国、日本及我国的台湾地区得到广泛的响应并推广，旨在使青少年意识到生命内涵的多面性和丰富性，正确地感悟生命的可贵，确立正确的生活态度与目的。

直到20世纪90年代中期，中国大陆学者开始对生命教育提出自己的见解和主张，以传统的人生观、世界观、价值观教育为基础，关注学生的生命健康教育、青春期教育和安全教育。生命教育强调教育过程要遵循生命的发展，按照生命发展的特点和要求，为生命成长创造条件，并在此基础上引导生命自由、充分、全面、和谐地发展。然而，作为一种教育理念和教育活动，生命教育应同社会、个人的发展及教育整体发展水平相适应，表现出与时俱进的时代特征。这就需要从文化的观念、行为和制度多进行多向度的有效反思，把生命教育提升到生命文化教育的境界。

生命文化教育是从生命文化出发进行的生命教育。因此，我们需要了解何为生命文化。生命文化是指关于生命的文化。人的生命可以从不同维度进行审视。讨论人的自然生命时，人作为一种自然的存在，是自然物；而人的文化生命则是指人作为社会文化的存在物。从哲学的角度看，文化生命是对自然生命的超越。对生命文化的理解需要建立在区分人的自然生命和文化生命的基础上。生命文化根植于人的文化生命，是生命存在的文化形式和思想形态，这是有关生命发展的最高形态。它包含生命观与死亡观、生命质量、生命尊严和生死观念等系列价值观念的建构，并且致力于实现自然生命、生命的社会性、追求生命要旨和精神要义的三重融合。可见，生命文化的意义是呼吁人们要珍惜生命，并在此基础上实现生命价值。简而言之，就是实现物质实体和精神的共同存在，这也是人生的真谛。

生命文化教育就是要把一系列正确的、科学的生命文化观念，通过日常的教育场景而非知识灌输，注入青少年的思想理念，潜移默化地浸润精神与灵魂。通过生命文化教育，青少年学习生命文化的知识和技能，掌握生命文化的意义，形成生命文化的情感、态度和价值观，从而提升自然和文化生命状态。

二、青少年生命文化教育的意义

青少年时期是人生观、价值观等各方面生命观念建成的重要时期。因此，对于青少年而言，生命文化教育具有极其重要的意义，是铸就青少年人性美德修为的重要渠道。首先，生命文化教育帮助青少年理解生命的意义。青少年正处于成长的阶段，引导其正确认识自我，正确认识生命的本质，追寻生命的意义与价值，对他们在未来能够坦然面对挫折和压力、拥有一个健康的人生具有现实意义。其次，生命文化教育引导青少年创造生命的价值。自然生命本身只有生物学意义和价值，而生命文化教育的关键在于如何赋予生命价值、如何最大限度地发挥生命的价值，从而实现自我发展和自我创造。然后，生命文化教育促进青少年综合素质的提升。生命文化教育强调青少年生命的自主化修养，让青少年在自主的思考和选择中修养自身，提升自己的境界。最后，生命文化教育指导青少年和谐共处的方法，学会在与他人相处时相互合作、换位思考，进一步完善自我思想境界，提高生命意识，体会生命价值的意义。

三、生命文化视域中的青少年心理健康问题

（一）青少年生命状态的边缘化问题

当今正处于一个多元文化互动激荡的时代。在历史大背景和现代化、全球化的推动作用下，处于观念建成期的青少年极易受到思想文化方面的影响，呈现出边缘化的生命状态。具体表现在以下几个方面。

第一，文化认同问题导致青少年普遍存在自我生命认同问题。近代历史中，人们常把中华传统文化和西方文化进行比较，现代化和全球化进程中西方文明也带来了一

定的文化冲击。因此，在生命观念的建成阶段，青少年极易受到文化思潮的影响，在本民族文化和“西化”之间徘徊游移，从而削弱自身的文化自信，降低文化认同感。文化是根据“人”的标准而“化”，人的理念是人类价值观和文化性格的一部分。我们每个人都处于特定的文化体系中，一系列的生命观念和行为在一定程度上受文化意识的支配。倘若失去了对自我文化的认同感，生命将无法从自身文化体系中站稳脚跟，处于无根和漂泊的境地，从而进一步失去对自我生命的认同，生命领域便会越来越暗淡。

第二，青少年生命价值认同问题导致生命安全感降低。弗洛姆在《逃避自由》中写道：“孤独的个人在一个充满敌意的世界上有着潜在的不安全感。”而人类的安全感基于对永恒价值、绝对价值和共同价值的信任和认同。对生命价值缺乏共同认知则让青少年失去了安全感和信任的基础。表面上看，安全感缺失是由于社会文化的转型和变革造成了生存环境的不确定性，但其内在的原因在于生命价值共识的模糊。面对多种价值观的碰撞，青少年的思想变得具有跳跃性和不稳定特征。因此，青少年常处于欲望与情绪的边缘状态，使他们在生活行为方式上发生异化，在求实与享受生活之中求平衡。例如，有部分青少年选择逃避现实，沉迷于网络空间，追求享乐生活。这种对科技产品（电脑、手机等）的过度依赖与非理性崇拜，让青少年进一步忽略了对生命过程的体验和关怀，从而更加难以形成良好的生命价值共识。

第三，青少年归属感缺失，自我生命意识模糊。归属感指个体对所归属团体所拥有的满足感。对于青少年而言，从家庭到学校，从同辈群体到社会组织，从社区到集体，从组织到社会，都是形成生命个体归属感的场域。我们处于文化的转型和变革，青少年相互之间的共同感丧失进一步导致归属感缺失，青少年对自己和他人均处于怀疑状态，其认同对象也陷入不确定的状态。在自我叩问“我是谁”“我将走向何处”等问题时，青少年常有空洞、无措之感，这也意味着青少年的自我生命意识不够清晰。

综上，在多元文化的冲击下，青少年自我生命认同感、生命安全感、归属感均受到影响。生命个体的思想方式、交往方式及人生追求均发生了较大的变化，从而使青少年产生茫然、失范、冲突、生疏的感受，频频出现价值真空、精神焦虑、行为无序、心理疲惫等边缘性的生命状态。

（二）青少年道德价值导向问题

刘铁芳在《生命与教化》中写道：“道德就是人的生命超越的基本依凭与价值向度。在某种意义上，人正是依凭道德而成为人。”可见，道德是生命文化的核心组成部分，与生命本身相互缠绕。

然而，受市场经济和西方个人主义文化的影响，青少年对道德的价值选择出现了迷茫、困惑等心态，对生命的道德价值导向存在误读。比如，传统义利观在青少年群体中受到了冲击，部分青少年将“利”置于“义”之前，善恶观念淡化，并对“重利轻义”等行为缺乏正确的认知，集体主义和利己主义之间的天平向后者倾斜。又如，对于传统文化中的“孝文化”，部分青少年存在一定程度的误读，不能辩证地看待传统孝道和现代社会发展之间的关系，无法自觉做到“扬弃”。

西方新自由主义思潮对青少年产生了极大的影响，让部分青少年的人生坐标发生倾斜，对客观的道德关系及原则和规范缺乏辩证的认识，让道德判断徘徊在社会道德要求与个人道德需求之间，受到严重的干扰。青少年在正当自我利益追求与过度追求利益的不道德之间的选择存在困惑，在这样的矛盾冲突中对道德价值选择产生怀疑。

正如中国著名教育家叶澜所说：“在破旧的同时，新的未必就那么容易形成，夹杂在中间的也许是混乱、无序和某种基本规范的缺少；人的生命活力以前所未有的强度和广度释放出来，但并非都是积极、健康、发展的，同时并存的还有贪婪、邪恶和荒唐。时代的巨轮就是这样，在新旧的矛盾与冲突、理性与非理性的风浪中，朝着人们认定的方向不可逆转地前行。人们对时代的感受可能是既兴奋又沮丧，既渴望又焦虑，既获得又失落，这是一个需要人人在风浪中学会游泳的时代。”青少年的自身道德和价值观还不成熟，又正值社会文化转型期，传统的理想人格典范被挑战，新的理想人格典范尚未形成，导致很多青少年感到茫然和无所适从。因此，在现代共享的文化空间里，更不能放弃对人生意义的追问和思考，不可消融自身的道德追求。在泛娱乐化和网络化的信息时代，青少年应注意守住反省精神，提升辩证能力。

（三）对高层次生命系统的意识问题

生命是一个具有层次的系统，不仅包括个体、细胞等，也包含种群、群落、生态系统等更为宏观的层次。作为生命个体，每个人都处于一定的生态环境之中。从宏观角度审视生命系统，我们不能够忽视比个体更高的层次，个体的自身生命与周边环境、其他物种的生命时刻发生着相互作用。在这一视角下，生命意识是具有整体性的。一个个体对自身的生命意识与对生态、异种生命的意识是相互缠绕的，尊重他者生命也是尊重生命的一部分。

当代青少年具有一定的生态保护意识，对自然具有一定敬畏精神，但也有部分青少年还有所欠缺。浪费自然资源、破坏环境，以及对动植物生命的不尊重现象等，在青少年群体时有发生。如某些高校学生虐待流浪猫（狗）、动物园内故意伤害动物，或者以收养为由行虐待动物之事。这些均揭示了部分青少年缺乏同情心和责任感、生命观念淡薄的问题。

随着工业文明的加速发展，人们逐渐弱化了对自然的尊重与敬畏，不恰当地“认识自然、改造自然”，让自己的欲望凌驾于自然之上，对自然任意剥夺、随意掠取。在此背景下，处于观念建成期的新一代青少年极易受到人类中心主义的影响，具体表现为一切以自我为中心、一切以人类的愿望为中心，普遍的、整体的生命意识弱化，更有个别青少年通过摧残异类生命来释放内心的压抑。这些行为均会反作用于青少年自身的生命意识观念，进一步影响相关行为和自身生命状态，从而形成恶性循环。

法国学者莫兰提出：人类在自然界中具有双重归属，一方面属于生物界、自然界和宇宙；另一方面又属于人类文化，一个语言、神话、思想、理性和信仰的世界。因此，对于自然环境和异种生命，人类应提升尊重意识，在保护的前提下满足人类自身生存和发展的需求，与自然同呼吸、共命运。

四、生命文化视域中的青少年心理健康教育策略

青少年生命文化教育的任务是为青少年提供正确的生命理解，充分认识自我生命，并合理地处理自我生命世界和与之相关的外部生命世界间的对象性关系。通过自我生命实现及自我生命价值意义的路径选择，结合生命的自然属性和社会属性，引导和推动青少年朝着幸福人生的目标全面发展。

青少年生命文化教育的重点在于，让青少年通过实践、体验、想象及移情来提高对生命的感受、体悟、认同与超越。推进青少年生命教育就是要在“生物生命”的基础上构建“文化生命”，并从青少年日常生活接触的社会、学校、家庭、社区等几个场域，实施青少年生命文化教育。

（一）在社会场域推动青少年生命文化教育

人是社会性动物，其生存和发展离不开社会。马克思认为，“人是最名副其实的政治动物，不仅是一种合群的动物，而且是只有在社会中才能独立的政治动物。孤立的一个人在社会之外进行生产是不可思议的。”人与社会的关系是构成人生存和发展的基本关系元素。

“人类的遗传具有双重性，是‘获得性遗传’与‘遗传性获得’的统一，即‘自然的遗传’与‘文化的遗传’的统一。”文化是人类的遗传方式，同样存在选择与进化，该过程与语言和文化环境息息相关。同时，文化也是青少年的生活世界。应选择最适合于青少年自身能力的文化教育机会与方式，这种选择会受到人们所继承的文化环境的限制。因此，在实践中指导青少年做出生命文化选择，可以以社会活动为切入点，

营造适宜的、积极的生命文化环境。

一方面，可以从生命阶段性仪式渗透生命文化气息。从社会学考察的角度看，人总在重要的转折点从集体中接受和感受生命体验，如一些地区和民族仍然保留的礼仪和仪式，又如一生中重要的周岁礼、成人礼、婚礼，甚至是葬礼等。青少年在这些仪式中感触到生命文化的气息，从而激发青少年热爱生命的情感，确立其对生命的期望。

另一方面，可以重建集体性生命文化活动，发挥政府作用，让青少年融入社会文化。作为人类独有的集体性生命文化活动之一，节日反映了人类生命情感的多样性和稳定性，也是对生命情感维系的强化。节日的仪式可以成为美化人伦、韧化生命情感的纽带，巩固生命凝聚力。因此，有必要在中国传统节日开展集体性生命文化活动，唤醒中国特有的生命文化和生命思维方式，增强青少年的集体民族归属感，从而增强对自身生命过程的体验和关怀，改善生命状态。

（二）在学校场域实施青少年生命文化教育

学校是青少年从家庭走向社会的中间环节。作为青少年生命文化教育的促进者，学校和教师需要把生命文化教育作为与学生的一种对话交流，而非生命规训、指导或说教。

第一，学校有义务为青少年营造正面、优美、幸福的文化环境。教育人类学家波尔丹诺夫认为，人的信念更多的是在幸福中树立起来的，只有在幸福瞬间人们才能感受到自己的完善性、周围世界的完善性和稳定性，生命的力量才能得到肯定，新的生活课题才能接踵而至。这就要求学校丰富校园文化，让青少年有好的环境体验美好的生命。在此基础上，引导青少年陶冶情操，使其有能力在面临生命和生活中的危机和痛苦时，将这些经历转化为正向的、积极的生活财富。

第二，学校要摆脱工具理性文化，回归生活世界。规训的技术、道德和知识无法为青少年燃起生动的生命和精神火花，回归生活世界才能帮助青少年确立人本意识和生命意识。这就需要学校在教育中强调生命、权利和发展，关注青少年主体性、存在性、发展性的文化建设。

第三，学校应提供艺术文化审美的机会，提高青少年的生命感受。“美”是真、善、美的有机统一，提升审美能力，就是优化对生命真、善、美的整体理解。苏联美学家斯托洛维奇指出：“不是每个人自童年起就能有幸看到艺术天才的创作，接受文化价值，与精神丰富的人们接触。”正因如此，学校更应成为青少年接触艺术文化的渠道，有目的地通过文化艺术审美让学生提高生命感受力。同时，应让青少年有机会与大自然接触，体会生命美的张力，并在此过程中引导他们多观赏、多感受、多体验，将这些美好有机地融入自我生命。

（三）在家庭中践行青少年生命文化教育

家庭是人的生命和成长的最初摇篮，是社会最小的细胞，是青少年成长的第一环境，家长是孩子的第一任老师。罗尔斯在谈及构建公正的现代性社会时提及，社会成员的正义感与道德感源于其家庭情感。因此，家庭生命文化教育对青少年的成长起着至关重要的作用，是青少年生命成长和发展的基础。家庭场域的青少年生命文化教育可注意以下几点。

第一，要给青少年生命成长创设稳定、温暖的家庭文化氛围。和睦民主的家庭是青少年生命情感健康发展的基本保障。家庭对于青少年的影响是潜移默化的，真诚、友爱、平等、团结的家庭关系能让青少年感受到生命情感和生命的快乐。家长的陪伴和关爱是青少年健康成长不可或缺的内容。对于青少年而言，家庭不仅提供了物质上的需求和满足，更是精神上提供安全感、支持感的避风港。父母在青少年的生命中有着不可替代和不可缺少的作用，在家庭中感受到的爱和归属感是在其他地方都无法获得的。

第二，在家庭文化中树立尊重青少年生命个体的意识。家长应尊重青少年的生命和尊严。青少年作为独立的生命个体，其生命值得尊重，其尊严应该维护，尤其是精神生命和人格尊重。青少年的个人选择、个人隐私应有充分的空间，他们应在家庭中拥有独立且恰当的位置。

（四）在社区场域推进青少年生命文化教育

社区是与青少年生活、休闲、教育等活动息息相关的场所。由于城市化的进程和户籍的限制，城市之间及城乡人口流动大，出现了一大批流动青少年，他们更容易感到安全感和归属感缺乏。这就需要社区通过文化活动，将生命文化融入其中，让青少年以一种互动的方式参与进来。这有助于加强青少年对自我能力的认同，使其认可自己的社会角色，逐渐摆脱孤独感和无力感。家长和社区可以鼓励孩子参加生命文化活动，让青少年有暂时的喘息和放松的机会，发泄被压抑的负能量，提供正向生命力量。

社区可以围绕青少年实际的心理健康问题开展多种形式的活动，让他们通过行动探索、拓展生活技能和生命体验。同时，充分利用社区的生命文化教育资源，提供环保、人文艺术欣赏、传统艺术体验等活动，宣传科学的生活方式，组织青少年参加生命文化教育活动，在活动中体验生命，感悟生命的价值。

生命文化是青少年的具体生活呈现，生命习惯的养成、生命文化的理解和体悟都能帮助青少年感悟生命，创造生命价值。青少年生命文化教育是多形态文化场域里有关生命知识、生命价值及生命关系的教育，是有关生命建构和管理的投入。在多个青少年生活场域中，帮助青少年不断调节与适应，发展自我生命，才能使其获得更优的生命状态，更好地创造属于自己的幸福人生。

（陈伟晶　毛卿卿）

参考文献

[1] 冯建军. 生命与教育 [M]. 北京：教育科学出版社，2004.

[2] 董国安. 生命文化学：可能的研究域、方法和价值 [J]. 广东医学院学报，2013，31（6）：641-645.

[3] 李明喆，袁和静，刘金玲. 生命文化融入医学伦理建设的机制研究 [J]. 中国医学伦理学，2018，31（4）：514-518.

[5] PORTIN P. A comparison of biological and cultural evolution [J]. J Genet，2015，94（1）：155-168.

[6] NEWSON L，RICHERSON PJ. Genetic solutions to cultural problems? [J] Behav Brain Sci，2022，45：e172.

接纳承诺疗法在临终心理关怀中的应用

死亡作为人类无法回避的终极命题，其内在的求生本能与必死性之间的矛盾所引发的死亡焦虑，使临终心理关怀成为缓解临终患者身心痛苦、维护其尊严的有效措施。对于临终患者而言，不仅面临着身体上的痛苦，更持续伴随着心理痛苦的困扰。在此背景下，如何通过科学高效的手段提高临终患者的生活质量和生命质量，已成为亟待解决的医学与社会科学问题。本文基于Kübler-Ross提出的临终心理五阶段（否认、愤怒、交涉、抑郁与接受）理论，结合接纳承诺疗法（acceptance and commitment therapy，ACT）的理论框架，深入分析不同阶段下临终患者的特征，并探讨心理灵活性六边形模型在促进患者平稳过渡各阶段、接纳各时期情绪体验，探寻生命意义及实现自我超越等方面的应用价值，以期为临终关怀实践提供理论依据和临床指导。

一、ACT的含义、依据与临床场景

（一）ACT的含义

ACT是一种基于正念技术的行为治疗理论，由Steven C Hayes等于20世纪80年代末提出。ACT的核心目标是通过提升个体的心理灵活性应对痛苦情绪和思维，帮助其以开放的态度接纳内在体验，并基于个人价值观采取有意义的行动。ACT不以消除负面体验为目标，而是通过接纳、正念和价值观驱动的行动改变来提高个体的心理灵活性，帮助个体在困境中实现有意义的行为改变，从而更好地应对生活中的痛苦和挑战。

ACT基于心理灵活性六个相互关联的过程（又称“六边形模型”）。ACT的六个核心过程如下。①接纳（acceptance）：帮助个体以开放的态度面对并接纳自己的经历，而不是试图逃避或改变它们。②认知解离（cognitive defusion）：帮助个体将思维内容与其实际意义区分开，从而不被负面思维所困扰。③以自我为背景（self-as-context）：帮助个体认识到自己不仅是思维和情绪的载体，而是一个更广阔的自我。④关注当下（being present）：通过正念练习，帮助个体专注于当下的体验，而不是被过去的经历或未来的担忧所困扰。⑤明确价值（clarifying values）：帮助个体明确自己的核心价值观，并将其作为行动的指导。⑥承诺行动（committed action）：鼓励个体根据自己的价值观设定目标，并采取实际行动。

（二）ACT的理论依据

ACT以个体心理灵活性的提升为核心目标，其理论基础源于关系框架理论（relational frame theory，RFT）。作为一种广泛应用于精神与行为障碍治疗的心理干预方法，ACT认为僵化的语言规则是造成心理痛苦的来源，心理灵活性是指个体觉察并主动接纳周围发生的事情，同时在价值观的引领下采取有效行动的能力。

关系框架理论认为，人类可以通过语言和认知以任意的方式建立抽象事物之间的关系。这种抽象联结的简单性和随意性使关系可以从特定情境中转移到其他任意线索上，从而导致刺激情景的网络及功能发生改变。这种泛化机制可能在不相关的情境上引发负性思维和情绪反应。当个体试图通过压制或改变这些思维和情绪联结时，反而会强化这些非理性的联系，形成恶性循环。长期的心理僵化会显著降低个体的心理灵活性，进而引发一系列心理症状和行为问题。

心理僵化包括以下六个要素，共同组成心理障碍的病理模型，在关系框架下对生活各方面带来消极影响。与此相对应，ACT核心治疗过程也可被理解为六个相互联系的过程，组成一个六边形的整体，心理灵活性则是处在六边形的中心的核心目标（表5-1）。

表5-1　六个心理僵化要素的含义

心理僵化要素	基本含义
认知融合与认知解离	人们把思维里的东西当成现实，个体的行为因受语言规则的约束，使行为无法在此时此刻的经验指导下进行
经验性回避与接纳	经验性回避是指试图逃避或避免生活中的事件，接纳是指对此时此地经验积极、不带评判的包容
担忧未来与关注当下	因为经验性回避，个体觉察不到当下真实的体验，且在语言的作用下，注意力被转移到反思过去发生的事情，以及担忧未来可能的不安全
概念化自我与以自我为背景	人们形成对于自己的评价，从而构建出概念化自我；客观、动态地观察自我变化，将自我视为个人感受发生的平台
价值观不明确与澄清价值	个体易受外界因素影响，而失去方向感，造成目标缺失。为追求有意义的生活，就需要不断探索自我内心，明确价值取向，从而确立目标引导行为
持续冲动、无为与承诺行动	为回避内心的感受，个体常采取不行动或无效行动的消极应对方式，与个体的价值取向背道而驰

（三）ACT的临床应用场景

ACT作为一种新的认知干预疗法，在促进患者接受病情并鼓励患者积极配合治疗方面展现出显著的积极作用。研究发现，ACT不仅有助于缓解乳腺癌患者的抑郁及焦虑情绪，而且可促进化疗中的卵巢癌患者的自我表露，通过改变患者面对疾病的方式，显著改善患者的生活感受、人际关系和精神变化等方面。研究显示，接受ACT护理的喉癌术后患者比接受常规心理护理的患者心理痛苦得到显著缓解。

ACT在治疗抑郁症、焦虑症、创伤后应激障碍等心理疾病方面显示出良好的效果。例如，在一项针对抑郁症患者的随机对照试验中，ACT与认知行为疗法在改善抑郁症状方面效果相当，但ACT更注重通过接纳和价值观引导来促进心理灵活性。

在慢性疼痛管理领域，ACT的应用也取得了显著成果。研究表明，ACT可以帮助慢性疼痛患者减少对疼痛的恐惧和焦虑，提高生活质量。例如，在一项针对慢性疼痛患者的随机对照试验中，ACT结合选择性优化与补偿策略，显著改善了患者的疼痛接受度和功能自主性。

ACT在精神分裂症等精神疾病、心理疾病的康复中也显示出潜在的应用价值。例如，在一项针对精神分裂症后抑郁患者的随机对照试验中，ACT显著改善了患者的抑郁症状和生活质量。

在儿童和青少年焦虑症的治疗中，ACT也表现出良好的效果。一项随机对照试验表明，ACT与传统认知行为疗法在改善儿童焦虑症状方面效果相当，但ACT在提高生活质量方面可能更具优势。

ACT已在多种心理和生理疾病的治疗中显示出良好的效果，其独特的治疗机制和广泛的应用前景使其成为心理治疗领域的重要补充。

临终关怀和核心目标并非延长患者的寿命，而是致力于“减少临终患者的身心痛苦，维护临终患者的尊严，使其坦然地接受事实”。由于临终期的特殊性，患者会有不同于常人的心理体验与过程，通过心理护理提升其生命质量，需要了解其心理变化，遵循客观规律进行。20世纪60年代，库勒提出临终患者会经历五个阶段的心理活动——否认、愤怒、交涉、抑郁和接受。这一理论框架为医护人员制订个体化的心理支持方案提供了重要依据，对帮助临终患者有尊严地度过生命最后阶段具有重要的实践价值。

库勒进一步将临终患者分为两类：第一类患者为了维护作为人的生命质量与尊严，宁愿不做手术，放弃最后一丝生的希望，也不接受自己全身插满仪器，毫无体面地苟延残喘；而另一种患者选择抗争到最后一刻，满怀希望，不放弃治疗；第二类患者选择试图逃避无法避免的结果，其强烈的求生欲望反而可能阻碍其平静地接受死亡。相比之下，第一类患者清楚自己的状况，曾经的回避态度、愤怒和抑郁情绪及不现实的想法都已经得到澄清与处理，这类患者不悲观地看待自己的死亡，而是以一种积极的态度去面对它。他们正是在接纳了所有痛苦，不再囿于语言和思维，摆脱对过去的依恋与将来的恐惧，正视自我，立足于当下，寻得内心的价值方向，并选择与价值观相一致的行动模式，从而实现对死亡的超越。这种超越并非局限于库勒提出的五个阶段，而是可以在任何时刻发生。ACT应用于临终心理关怀，帮助临终患者超越痛苦与悲伤，超越思维束缚与幻想。

ACT在临终心理关怀中的应用，正是帮助患者超越痛苦与悲伤，突破思维束缚与幻想的重要途径。ACT通过正念减压等放松练习，帮助患者正确了解疾病及术后康复过程，使患者以纯粹的思维和感觉接纳疾病本身，而非以评判性的态度抗拒现实。患者能够直接、客观地接纳手术创伤带来的并发症，并积极接受治疗与康复训练。综上，作为基于正念的行为治疗理论ACT，对于改善临终患者的生活状况发挥重要作用，其通过提高临终患者的心理活性，从而改善患者的心理健康及身体状况。

二、临终患者接受ACT的过程分析

在临床上，由于临终患者处于生命随时可能结束的应激事件下，持续的压力加剧了其痛苦程度，采取抗拒、回避行为而降低了临终的生命质量。ACT通过接纳、认知解离、关注当下等方式，聚焦临终阶段患者的接纳情绪与现实诉求，澄清自身价值，超越死亡带来的焦虑与痛苦感受，重新回到生活中，发掘生命的意义，在人生的终点重获精神自由。

（一）从否认到经验性接纳

大多数情况下，人在意识到自己罹患不治之症时，第一反应往往是企图逃避现实，拒绝相信诊断结果，存在侥幸心理。随后，患者可能会不断地尝试寻找误诊的佐证，证明自己并非将死之人，这一时期称为否认阶段。否认是一种面临危险时的防御机制，是一种正常的反应，死亡将至的信息会给人带来巨大的心理冲击，短暂的回避与否认在这一刻起到了缓冲剂的作用，多数患者能够走出否认状态，但极少数彻底否认，无法继续现实生活，直到死亡。

人们天生具有趋利避害的本能，倾向于追求积极体验而回避消极体验。这种本能促使患者回避死亡的事实。然而，回避行为本身会强化与消极体验的关联，使患者陷入痛苦不断累积的恶性循环。尽管临终患者试图以回避的态度对待死亡，但由于关系框架的存在，患者视角中的日常生活充斥着与死亡有关的信息：住院、服药、检查与治疗。由于否认，临终患者脱离了现实生活，活在对以往未竟事业的懊悔和对未来的死亡恐惧中，注意力放在自己身上或与死亡相关的信息上，不能把握当下仅存的珍贵时光。

与此相反，接纳则鼓励临终患者以积极、有意识且非批判的态度面对与死亡相关的消极体验，而非试图无谓地改变内心的痛苦与不安。通过接纳，患者能够更好地与现实联结，减少因回避而产生的心理负担，从而在生命的最后阶段找到内心的平静与生命的意义。

（二）愤怒与认知解离

在经历短暂的否认阶段后，当患者意识到自己病情没有明显好转时，往往会陷入焦躁、烦恼的情绪中，表现出不通情达理、百般挑剔、无端指责或谩骂别人的行为，甚至迁怒于家人和医护人员来发泄他们的苦闷与无奈，这一时期称为愤怒阶段。

临终患者在这一阶段的愤怒情绪有三个来源：一是患者心中的落差感，这个时期他们接触到的一切美好事物都会带来痛苦的感受，甚至因为对比加剧痛苦。二是患者称不被他人理解，误以为没有人能够理解他的痛苦，误以为自己没得到应有的尊重与理解。三是患者感到被遗忘，失去能力。

从ACT的视角来看，这些愤怒情绪的根源彼此相通。患者心中的落差感来源于对过往的依恋、现在的不满和未来的失望，他们反思过去并担忧未来，坚信自己因为病情失去了珍贵、有价值的生活。正是因为将语言与思维的内容视作真理，通过认知融合掩盖了实际情况，才使患者以“无人理解我”的思维曲解他人的意图，忽视行为上的事实，不断以发脾气的方式去获得他人关注，殊不知这种方式反而消耗了他人的尊重与理解。

类似的情况也发生在对于自己的评价中。患者根据自身的经验，对过去的事情进行理解并对未来的事件进行预测，并逐渐形成对自我的认识。例如，一位患者在病情恶化前拥有出色的业务能力，可能会形成高度评价的“概念化自我”，认为自己的能力是获得他人重视的唯一原因。然而，这种概念化自我在不再适应变化的语境时，患者仍然固着于原有的自我认知，导致严重的心理僵化。这种僵化进一步阻碍了患者接纳现实，加剧了愤怒情绪的产生。

（三）交涉与关注当下

ACT通过引导患者关注当下，使患者与心理和环境事件进行持续的非批判性接触，从而摆脱对过去和未来的无谓对比，使患者意识到唯一能改变的只有现在。借助认知解离技术让患者意识到困扰他们的仅只是想法而非现实，从而以客观、无评价的态度去感受他人行为，发现其中内含的尊重与善意；将自我作为观察对象，将自我当作事件发生的背景，不拘泥于过去的自我形象，并以这种发展的视角去观察自我，关注自己的真实经验，接纳已经失去的，珍惜现在拥有的与能够获得的，重新确立价值目标并采取行动。

在愤怒情绪宣泄无果后，患者往往会进入“讨价还价”或“交涉”阶段。这一阶段的特点是患者在发觉自己的情况没有改善后，会祈求或承诺以多给自己一些时间。患者之所以继续讨价还价或交涉是因为这种承诺往往和无声的内疚联系在一起，他们认为自己有一些曾经应做而未完成的事情，并将当前的痛苦视作对这些未完成事件的惩罚。然而，过分讨价还价的行为和未能兑现的空头承诺只会加剧患者的内疚感，形成恶性循环。

对死亡经验性的回避及与延长寿命等不切实际的想法融合，使患者无法专注此刻的体验。患者从过去未完成经历引发的内疚，到即将发生的死亡导致的焦虑不安，终日活在对过去事件的悔恨与对未来的过度担忧中，并企图通过讨价还价的方式，进行一些认为能够弥补错误的行动。虽然仅仅是为了逃避现实，但这样的行动只能带来更多心中的内疚与行为上的束缚。

为获得较为平稳、温和的体验，就需要患者消除幻想，认清自己无法挽回过去的损失。只有立足当下，明确内心认同的价值目标，才能避免陷入为过去而内疚，为将来所担忧的困境。当患者能够立足当下并明确自己的价值观时，他们会选择与自身价值观一致的行动，在行动的过程中体会生活的意义所在，这时患者的生活便不再是只有对过去的内疚与对未来担忧的黑白两种颜色，而可以关注当下所看重的事物变得多姿多彩。

（四）抑郁与以己为背景

随着晚期患者接受越来越多的治疗，他们对自己的病情再也无法否认，并日益虚弱与憔悴，也无力再疾言厉色或交涉，取而代之是一种强烈的失落感。这一阶段称为悲伤反应的抑郁阶段，临终患者通常会出现两种抑郁反应。

第一类称为反应性抑郁。这类抑郁源于患者因失去健康、社会地位、工作能力和生活自理能力，以及由身体本身或治疗带来的疼痛和不适而产生的情绪反应。当患者发觉自己过去的拥有和遗憾都面临结束时，不禁陷入悲伤情绪中。因此，这种抑郁与过往的损失相关。

第二类称为准备性抑郁。这类抑郁源于患者和自己所喜爱的人或者事告别，并准备迎接或接纳死亡的过程。患者因无法获得冀望的将来生活，对未来只剩下绝望感和面对死亡的无力感。因此，准备性抑郁主要与未来的失落有关。在这一阶段，患者意识到过去的生活已逐渐远去，而未来的生活也渺无希望。然而，抑郁本身就是一种消极的体验，而临终患者本就处于痛苦中，试图通过抑郁缓解痛苦很可能会适得其反，而回避或消除抑郁情绪也只会引起更多问题。

ACT倡导不压抑任何情绪，即使是不愉快的情绪也选择接纳。这里的接纳并非容忍，而是对当下情绪经验进行积极且不带评判的包容，并在消极情绪中寻找积极的意义，从而提升心理灵活性。面对反应性抑郁，临终患者若能放下对得失的评判，以自我为观察者，体会过去发生的一切，就能从抑郁的消极影响中解脱出来，更多地关注反应性抑郁带来的启发，珍重当下可使患者心怀感激，并应对容纳悲伤的准备性抑郁。或许告别不可避免，将来的生活也失去了遐想的意义，但这时的患者已经明白了“只争朝夕”的道理，在有限的生命里，选择做什么变得更为重要。

（五）接受与超越

如果患者并非突然离世，而是有足够的时间经历并顺利度过前四个阶段，最终患者就会进入一个对其命运既不感到沮丧也不愤怒的阶段——接受。在这个阶段，患者已经充分表达了自己的感受，对即将失去的精彩生活表示哀悼，并平静等待离去的那一刻。这种接受并不意味着幸福，之前的痛苦使此时的他们身心俱疲并已经接近麻木。在这场生命旅程即将到达终点之际，痛苦、反抗都已经结束，患者对大多数事情不再感兴趣，不愿意被外界打扰，只是等待最后时刻的降临。也有些患者会选择抗争到最后一刻，始终满怀希望地试图逃避无法避免的结果，然而越是否认现实，越难平静地走向生命的终点。

从ACT的视角来看，ACT并非仅仅帮助患者更加顺利地度过这五个阶段进入死亡，而是旨在突破这五个阶段的限制，为解决每一阶段的危机提供澄清价值与承诺行动。传统临终的五个阶段被认为按照顺序依次进入，没有越过的可能，并且最终都会进入“接受”这一被动的状态，平静地接受自己的死亡，等待生命的结束。这五个阶段的确体现了人性中光辉的那一面——作为人的尊严，就算是面对死亡也要不遗余力地争取，不容有缺。

三、结语

ACT对于临终患者心理关怀的作用从六边形模型的多方面开展，以接纳、解离的方式帮助患者的生活从消极意义中解脱出来。首先，ACT通过减轻患者对自身否认的态度与愤怒的情绪，以开放的态度面对现实；其次，引导患者关注当下，识别并纠正非理性的信念与交涉行为，从而缓解内心的冲突；最后，帮助患者将注意力转向自我，从自我的角度出发解释身边的事件，逐步度过抑郁，最终达到接受状态。

ACT实用主义的特征强调行为改变的重要性，因此，澄清价值与承诺行动贯穿临终的五个阶段，使六边形模型形成一个完整的闭环。通过接纳现实、认知解离、关注当下及以自我为背景的技术，帮助患者顺利度过临终五个阶段。以全然接纳的态度为患者重新发现生活价值提供了条件，帮助其最终摆脱疾病与痛苦的束缚，在明确目标的指引下自由地行动，不仅能够打破临终只有悲伤、沉默与生命逝去的刻板印象，还为患者赋予了新的意义与尊严，使其在生命的最后阶段依然能够体验到内心的平静与自由。

（李　攀　钱雯丽　胡茂荣）

参 考 文 献

［1］胡知仲，胡茂荣．非自杀性自伤与接纳承诺疗法的多维解析［J］．医学与哲学，2020，41（5）：48-51．

［2］赖雄，陈盈，何厚建，等．接纳承诺疗法灵活六边形解读［J］．医学与哲学（B），2018，39（6）：64-66．

［3］张岩岩，胡知仲，卢梓航，等．接纳承诺疗法和辩证行为疗法的比较分析［J］．医学与哲学，2021，42（12）：46-49．

［4］孙倩倩，叶红芳，杨莉．接纳与承诺疗法对乳腺癌患者干预效果的Meta分析［J］．中华护理杂志，2022，57（9）：1070-1079．

［5］王婷婷，杨孝苹．接纳与承诺疗法对食管癌术后患者负性情绪及生活质量的影响［J］．中国临床护理，2022，14（2）：90-93．

［6］O’MALLEY K，BLAKLEY L，RAMOS K，et al．Mental healthcare and palliative care：barriers［J］．BMJ Support Palliat Care，2021，11（2）：138-144．

［7］HAYES SC，LUOMA JB，BOND FW，et al．Acceptance and commitment therapy：model，processes and outcomes［J］．Behav Res Ther，2006，44（1）：1-25．

［8］KAREKLA M，KARADEMAS EC，GLOSTER AT．The Common Sense Model of Self-Regulation and Acceptance and Commitment Therapy：integrating strategies to guide interventions for chronic

illness [J]. Health Psychol Rev，2019，13（4）：490-503.
[9] DAVID L，BARBARA JS. Applicability of Kübler-Ross's Stages of Dying to the Suicidal Individual：A Review of the Literature. Psychological Reports. 1989；64（2）：609-610.